MÉCANIQUE APPLIQUÉE

LEÇONS

SUR LA RÉSISTANCE DES MATÉRIAUX

CONSIDÉRÉE AU POINT DE VUE PRATIQUE

PAR

E. CLARINVAL

Capitaine d'artillerie, ancien Élève de l'École polytechnique, professeur de mécanique appliquée à l'École d'application de l'artillerie et du génie, Membre de l'Académie de Nancy, de la Société industrielle de Mulhouse, et de la Société industrielle de Reims, chevalier de 3e classe de l'ordre de St-Stanislas de Russie, chevalier de l'ordre militaire de St-Grégoire-le-Grand.

AVEC PLANCHE POUR LES FIG. 1 A 13.

PARIS

LIBRAIRIE MILITAIRE, MARITIME ET POLYTECHNIQUE

J. CORRÉARD,

Libraire éditeur, et libraire-commissionaire,

PLACE SAINT-ANDRÉ-DES-ARTS, 3.

1861

THÉORIE

DE

LA POUSSÉE DES TERRES

CONTRE

LES MURS DE REVÊTEMENT

SUIVIE

D'APPLICATIONS NUMÉRIQUES DES PRINCIPALES FORMULES

Au calcul des dimensions de ces murs ;

PAR J.-P. DELPRAT,

MAJOR DANS LE CORPS DU GÉNIE HOLLANDAIS.

(Avec planche.)

Traduit du hollandais.

PARIS,

J. CORRÉARD, ÉDITEUR D'OUVRAGES MILITAIRES,

RUE DE L'EST, N° 9.

J. DUMAINE, neveu et successeur de G. Laguionie, 36, rue Dauphine.

H. BAILLIÈRE, 219, Regent-Street, à Londres — MICHELSEN, à Leipzig.
B. BEHR, à Berlin.
JOSEPH BOCCA, à Turin.
CASIMIR MONIER, à Madrid.
J. ISSAKOFF, lib.-édit., Commissionnaire officiel de toutes les Bibliothèques des rég. de la garde impériale, à St-Pétersbourg.
Les héritiers DOORMAN, à La Haye.

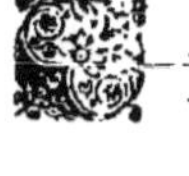

1846.

COURS

DE

MÉCANIQUE APPLIQUÉE.

OUVRAGES DU MÊME AUTEUR.

**Note sur la dépense des déversions verti-
caux,** in-8°. Prix. . . . . 3 fr.

**Expériences sur les machines à percer les
métaux,** exécutées par ordre de M. le général d'artillerie Mazure, commandant l'École d'application,
in-8°. . . . . 5 fr.

**Expériences sur le marteau Pilon à came
et à ressorts,** de M. Schmerber, et sur la dureté
des corps, in-8° avec 2 planches. Prix. . . . . 4 fr.

COURS

DE

MÉCANIQUE APPLIQUÉE

LEÇONS

SUR LA RÉSISTANCE DES MATÉRIAUX

CONSIDÉRÉE AU POINT DE VUE PRATIQUE

PAR

E. CLARINVAL

Capitaine d'artillerie, ancien Élève de l'École polytechnique, professeur de mécanique appliquée à
l'École d'application de l'artillerie et du génie, Membre de l'Académie de Nancy, de la Société
industrielle de Mulhouse, et de la Société industrielle de Reims, chevalier de 3e classe
de St-Stanislas de Russie, chevalier de l'ordre militaire de St-Grégoire-le-Grand.

AVEC UNE PLANCHE POUR LES FIG. 1 A 13.

PARIS

LIBRAIRIE MILITAIRE, MARITIME ET POLYTECHNIQUE
J. CORRÉARD,

Libraire-éditeur, et libraire-commissionnaire,

PLACE SAINT-ANDRÉ-DES-ARTS, 3.

1861

TABLE DES MATIÈRES.

CHAPITRE V. — APPLICATION DES NOTIONS RELATIVES A
LA FLEXION.

CHAPITRE VI. — EFFORTS DE TORSION.

CHAPITRE VII. — EXAMEN DES PIÈCES SOUMISES AUX
EFFORTS DE TORSION.

CHAPITRE VIII. — RÉSISTANCE AU CISAILLEMENT.

APPENDICE.

TABLES DIVERSES.

PRÉFACE.

Cet opuscule est le résumé de quelques leçons
sur la résistance des matériaux que je fais chaque
année aux élèves de l'école d'application de l'artillerie et du génie.

On n'y trouvera, conformément au programme
qui m'est imposé, que les idées théoriques absolu-
ment nécessaires. Après avoir exposé les principes
généraux d'après lesquels on doit calculer les dimensions des divers organes des machines, je les
ai appliqués spécialement aux cas qui peuvent offrir quelque difficulté.

On me reprochera peut-être d'avoir trop sacri-
fié la théorie à l'expérience ; si je l'ai fait, c'est que
le programme de l'école est conçu dans cette idée
et qu'en publiant ce travail mon but est d'être utile
non pas à des savants auxquels je n'ai rien à ap-
prendre, mais à de simples constructeurs de machines peu familiarisés avec l'analyse transcendante.

E. CLARINVAL.

Metz, ce 1er octobre 1860.

COURS DE MÉCANIQUE APPLIQUÉE.

RÉSISTANCE DES MATÉRIAUX.

PRÉLIMINAIRES.

IMPORTANCE DE L'ÉTUDE DE LA RÉSISTANCE DES MATÉRIAUX.

L'ingénieur mécanicien doit non seulement savoir disposer convenablement les diverses parties d'une machine, mais encore donner aux organes qui sont fixes, une stabilité parfaite, et à ceux qui sont mobiles des dimensions suffisantes pour fonctionner sans altération, tout en ne dépassant pas, par raison d'économie, les dimensions nécessaires.

Pour arriver à ce but, il faut connaître les propriétés des matériaux que l'on emploie, rechercher avec soin la nature des efforts auxquels doivent résister les diverses parties des machines, et calculer leurs dimensions, de manière qu'elles ne puissent ni se rompre, ni se déformer.

Il suffit de penser aux accidents qu'occasionnent la rupture d'un volant, d'une chaudière, ou l'écrasement des maçonneries d'un édifice, pour comprendre l'utilité de cette partie de la mécanique appliquée qui, sous le nom de *résistance des matériaux*, a pour but de faire connaître les efforts limites de toute nature, que l'on peut faire supporter, avec sécurité, aux diverses parties des constructions. Il ne faudra pas toutefois se croire à l'abri de toute chance de rupture, quand on se sera conformé aux lois qu'elle enseigne ; bien des exemples prouvent le contraire ; les matériaux ont souvent des défauts cachés ; de plus il peut se présenter à un moment donné, des efforts inattendus et hors de proportion avec la résistance de la matière ; mais si l'application de ces principes n'évite pas toute chance d'accident, elle les prévient généralement et sauve toujours au moins la responsabilité de l'ingénieur qui a suivi toutes les précautions réclamées par l'expérience.

CLASSIFICATION DES EFFORTS AUXQUELS LES DIVERS ORGANES DES MACHINES PEUVENT ÊTRE SOUMIS.

Les divers efforts auxquels les organes des machines peuvent être soumis sont de cinq espèces, on distingue :

1° Les efforts de compression ;

2° Les efforts de traction ;

3° Les efforts de flexion ;

4° Les efforts de torsion ;

5° Les efforts de cisaillement.

Nous allons les examiner successivement et donner les formules pratiques qui règlent les dimensions des pièces qui doivent résister à ces divers efforts, en laissant de côté les détails théoriques qui font, à l'école impériale d'Application de l'artillerie et du Génie, partie du cours de constructions.

CHAPITRE PREMIER.

EFFORTS DE COMPRESSION.

Compression par pressions successives.

EFFETS PHYSIQUES PRODUITS PAR LA COMPRESSION.

Quand un corps est soumis à un effort de compression assez faible, il se refoule peu à peu, ses dimensions dans le sens de l'effort diminuent de plus en plus jusqu'à une certaine limite dite : *limite d'élasticité naturelle,* et si l'on soustrait le corps à l'effort qui le comprimait, il reprend exactement la forme primitive.

Si l'effort de compression dépasse au contraire une certaine valeur, le corps après s'être refoulé, s'écrase et sa rupture présente des phénomènes variables avec sa nature et ses dimensions.

Si les corps sont grenus, comme les calcaires ou la fonte, ils se fendillent, et dans le cas où ils affectent une forme cubique, ils se divisent en pyramides dont la base est à la face inférieure du cube et dont le sommet se trouve à son centre.

Si les corps sont fibreux et si leur longueur excède dix fois le plus petit côté de leur base, il y a d'abord compression, puis flexion et enfin séparation suivant les fibres.

SENS DANS LEQUEL ONT ÉTÉ DIRIGÉES LES EXPÉRIENCES DES INGÉNIEURS.

Les divers ingénieurs qui ont étudié les effets de la compression n'ont eu pour but que la détermination des efforts limites qui produisaient la rupture et de ceux que l'on pouvait faire supporter avec sécurité aux divers matériaux. Il est clair que cette recherche constitue la partie de la question, véritablement utile pour la pratique ; un physicien anglais M. Hodgkinson est, à notre connaissance, le seul expérimentateur qui ait cherché les quantités dont se comprime la fonte sous des efforts de compression gradués.

EXPÉRIENCES SUR LA RÉSISTANCE DES BOIS A LA COMPRESSION DANS LE SENS DES FIBRES.

Rondelet et plus tard M. Hodgkinson ont étudié la résistance qu'offre le bois à des efforts de compression dirigée dans le sens de ses fibres.

Les expériences de Rondelet sur le chêne et le sapin permettent de former le tableau suivant :

	1	12	24	36	48	60	72
Rapport de la hauteur de la pièce comprimée à la plus petite dimension de sa base.	1	12	24	36	48	60	72
Rapport des résistances....	1	$\frac{5}{6}$	$\frac{1}{2}$	$\frac{1}{3}$	$\frac{1}{6}$	$\frac{1}{12}$	$\frac{1}{24}$
Charge de rupture pour le chêne et le sapin, évaluée en kilogrammes par centimètre carré,.........	420	310	212	132	72	38	17.5

Ces nombres montrent combien la résistance des bois diminue avec leur longueur.

L'examen des constructions bien conservées fit admettre à Rondelet qu'un support en bois ne doit jamais être chargé que du septième de la charge de rupture par compression.

On pourra donc former le tableau suivant :

Rapport de hauteur à la plus grande dimension de la base.	1	12	14	16	18	20	22	24	28	32	36	40	48	60	72
Charge en kilog. par centimètre carré, supportée avec sécurité..........	60	44.3	42.0	39.4	37.0	35.0	32.7	30.3	26.0	22.0	19.1	15.4	10.2	5.4	2.5

M. Hodgkinson a fait des expériences plus nombreuses que Rondelet ; il a étudié non seulement un très-grand nombre d'essences diverses de bois, mais aussi l'influence de leur état de sécheresse sur la résistance à la compression.

Il ressort de ses travaux que le chêne et le sapin présentent, à l'état de dessication ordinaire, une résistance à peu près égale, ainsi que l'avait trouvé Rondelet, mais que celle du chêne augmente avec la dessication, tandis que celle du sapin reste constante. Concluons de là que, pour les supports en bois, destinés à des constructions permanentes, on devra préférer le chêne.

En désignant par P la charge que l'on peut faire supporter avec sécurité par centimètre carré, a et b les dimensions de la base du support (b étant la plus petite) et l la longueur de la pièce, on déduit des expériences de M. Hodgkinson les formules suivantes :

Chêne fort

$$P = 256.5 \, \frac{ab^3}{l^2}$$

Chêne faible

$$P = 180.0 \, \frac{ab^3}{l^2}$$

Sapin rouge et blanc fort et pin résineux

$$P = 214.2 \, \frac{ab^3}{l^2}$$

Sapin blanc faible et pin jaune

$$P = 160,0 \, \frac{ab^3}{l^2}$$

Il faut remarquer que dans ces formules P est évalué en kilogrammes, a et b en centimètres et l en décimètres.

Il est naturel de se demander si ces formules sont d'accord avec les expériences de Rondelet; elles le sont dans certaines limites et peuvent être employées, quand le rapport $\frac{l}{b}$ est compris entre 12 et 60.

Les pilots, étant soutenus sur toute leur longueur par le terrain et assemblés par leurs têtes dans des chapeaux qui les rendent solidaires, ne doivent pas être assimilés aux supports isolés dont il vient d'être question, l'expérience prouve qu'on peut les charger de 30 à 35 kilogrammes par centimètre carré.

RÉSISTANCE DES BOIS A DES EFFORTS DE COMPRESSION PERPENDICULAIRES A LA DIRECTION DES FIBRES.

La résistance des bois à des efforts de compression perpendiculaires à la direction des fibres a été peu étudiée, — M. Gauthery recommande, pour la conservation des assemblages, de ne pas les charger de plus de 160 kilogrammes par centimètre carré perpendiculairement à la longueur des fibres et de 200 kilog, parallèlement à ces fibres. Les charges indiquées précédemment sont inférieures, il est donc inutile de s'occuper de ce refoulement.

RÉSISTANCE DES MÉTAUX AUX EFFORTS DE COMPRESSION.

Les expériences de M. Hodgkinson, ainsi que celles des ingénieurs qui, avant lui, avaient étudié la résistance des métaux aux efforts de compression prouvent :

1° Que la fonte résiste mieux à l'écrasement que le fer ;

2° Que les fontes obtenues à l'air froid ou à l'air chaud offrent une résistance sensiblement égale.

De la première loi bien des auteurs ont conclu, peut-être à tort, que la fonte devait être préférée au fer pour supports verticaux, car les expériences de M. Hodgkinson démontrent que si la fonte offre une plus grande résistance à la rupture, elle se comprime aussi beaucoup plus que le fer ; la déformation étant toujours préjudiciable, on devra au contraire préférer le fer, à moins que l'économie n'ait une grande importance.

On peut citer à l'appui de cette assertion, l'insistance qu'à mise un habile ingénieur, M. Faïrbain, pour l'emploi exclusif du fer dans la construction des ponts tubulaires du détroit de Menai.

M. Hodgkinson a établi des formules empiriques représentant parfaitement les résultats de ses expériences ; admettant que la charge permanente d'un support métallique ne doit jamais être que le sixième de la charge qui détermine l'écrasement, le savant physicien donne pour les colonnes en fonte pleines à bases plates :

$$P = 1780 \ \frac{d^{3.6}}{l^{1.7}}$$

pour les colonnes en fonte creuses à bases plates :

$$P = 1780 \ \frac{d^{3.6} \ d'^{3.6}}{l^{1.7}}$$

Dans ces formules,

P est exprimé en kilog.

d diamètre extérieur
d' diamètre intérieur $\Big\}$ en centim.

l, longueur du support, est exprimée en décimètres.

Ces formules contiennent des exposants fractionnaires qui rendent les calculs assez compliqués ; aussi paraît-il plus avantageux d'adopter pour les colonnes pleines en fonte et à base plate, la formule suivante donnée par M. Love et qui reproduit très-exactement les expériences de M. Hodgkinson.

$$P = \frac{1250d^4}{1,85d^2 + 0,00043l^2} \cdots\cdots\cdots (1)$$

Si l'on veut établir des colonnes creuses, on calculera d'abord le diamètre *d* de la colonne pleine de même longueur *l*, devant supporter l'effort P, puis on cherchera les dimensions d'une colonne creuse qui présenterait une même section horizontale par la relation bien simple :

$$\pi \frac{d^2}{4} = \frac{\pi}{4} \left(\delta^2 - d'^2 \right)$$

de laquelle on pourra conclure le diamètre intérieur *d'* en se donnant le diamètre extérieur δ ou inversement δ en se donnant *d'*.

Il sera avantageux, en général, de n'employer que des supports creux, parce que l'expérience prouve qu'ils résistent bien mieux aux chocs et aux vibrations qui pourront se produire dans le sens horizontal.

M. Love a représenté, par une formule de la même forme, les résultats des expériences de M. Hodgkinson sur le fer. On a, dans ce càs, pour colonnes à base plate :

$$P = \frac{600d^4}{1.97d^2+0.00064l^2} \quad\cdots\cdots\cdots (2)$$

La comparaison des deux formules (1) et (2) montre que, pour l égal ou plus grand que 30 d', les colonnes en fer pourront supporter de plus grandes charges que des colonnes de même diamètre en fonte. Ce fait qui résulte des expériences de M. Hodgkinson était déjà admis par les ingénieurs anglais.

RÉSISTANCE DE MAÇONNERIES AUX EFFORTS DE COMPRESSION.

Les expériences entreprises en France par Rondelet, Gauthey et M. Vicat ont prouvé que :

1° Les qualités physiques des pierres telles que la dureté, le grain, la couleur, la densité... ne sont pas des indices certains de résistance, et qu'il est bon de recourir à des expériences directes ;

2° Pour des corps semblables et une même nature de pierre, la résistance est proportionnelle à l'aire de la section transversale ;

3° La résistance du cube étant représentée par 1, celle du cylindre, inscrit posé sur sa base est 0,80, celle du même cylindre posé sur l'arête est 0,32 et celle de la sphère inscrite est 0,26 ;

4° La résistance des supports en maçonnerie diminue avec l'échantillon de la pierre.

5° Dans les constructions la charge limite à adopter, est le 20° du poids limite que supporteraient sans s'écraser les matériaux dont elles sont formées.

Le tableau suivant contient les charges qu'on peut avec sécurité faire supporter par centimètre carré aux divers matériaux employés dans les constructions.

NATURE DES CORPS.	CHARGE par centimètre carré.
1° *Pierres graniteuses, siliceuses et argileuses.*	
Granit dit des Vosges.	62k.00
Granit gris de Bretagne	65.00
Granit de Normandie.	70.00
Granit gris des Vosges,	42.00
Granit très-dur, Blanc ou roussettre.	37.00
Grès tendre.	0.40
2° *Pierres calcaires.*	
Marbre noir de Flandre.	79.00
Roche de Châtillon, près Paris.	17.00
Liais de Bagneux, près Paris, très-dur	44.00
Roche douce.	13.00
Roche d'Arcueil, près Paris	25.00
Pierre de Saillancourt, près Pontoise { 1re qualité...	14.00
{ 2° qualité....	12.00
{ 3° qualité....	9.00
Pierre de Conflans.	9.00
Pierre tendre employée à Paris.	6.00
Calcaire dur de Givry, près Paris.	31.00
Calcaire tendre.	12.00
3° *Briques.*	
Brique dure, très-cuite	15.00
Brique rouge.	6.00
Brique rouge pâle.	4.00
4° *Plâtres et Mortiers.*	
Plâtre gâché à l'eau.	5.00
Mortier ordinaire.	3.50
Mortier en ciment et tuileaux pilés.	4.80
Mortier en pouzzolane,	3.70
Béton de 18 mois en bon mortier.	4.00

Compression par le choc,

MARCHE A SUIVRE DANS L'ÉTUDE DE LA COMPRESSION PAR LE CHOC.

Quoique dans certains cas, les organes des machines soient soumis à des chocs qui tendent à les briser ou tout au moins à les déformer, les effets de la compression par le choc n'ont pas été étudiés.

En suivant une marche tout à fait analogue à celle que M. le général Poncelet a adoptée dans l'étude des efforts de traction, on peut néanmoins jeter quelque jour sur cette partie de la mécanique appliquée.

Les corps se comprimant sous l'action des forces qui les chargent, leur résistance à cette compression développe un travail mesuré, pour chaque élément de la compression totale, par le produit de l'effort exercé et de cette compression. La quadrature des courbes ayant pour ordonnées les efforts exercés et pour abscisses les compressions, donnerait donc la valeur de ce travail pour une compression donnée.

Si l'on effectue cette quadrature, depuis le commencement des allongements jusqu'à celui qui correspond à la limite de l'élasticité, on aura le travail produit par la résistance du corps dans cet intervalle, et je lui donnerai le nom de Résistance vive d'élasticité par voie de compression.

Si l'on va plus loin, et si l'on pousse la quadrature jusqu'à la charge qui provoque l'écrasement, on aura le travail total nécessaire pour écraser le corps ou la résistance vive à la rupture par voie de compression.

Cela posé, soit pour un support de dimension donnée et dont la compression par des charges successives aura été étudiée ; soit dis-je, T_r la résistance vive à la rupture, il est clair que tout corps de poids P qui, en tombant d'une hauteur H, développera un travail PH égal à T_r brisera le support en question ; on pourra donc à l'aide de l'équation :

$$T_r = PH$$

déterminer de quelle hauteur doit tomber un poids connu P pour briser le support, ou inversement trouver quel sera le poids qui, tombant d'une hauteur connue H, produirait le même effet.

Ainsi, l'étude de la rupture par compressions instantanées peut être ramenée à celle de la rupture par compressions graduées.

EXPÉRIENCES SUR LA COMPRESSION DU PLOMB PAR LE CHOC.

J'ai été amené, dans ces derniers temps, en étudiant les effets des marteaux pilons, à faire un certain nombre d'expériences sur la résistance à la pénétration qu'oppose le plomb à des corps animés de faibles vitesses.

Un marteau pesant 106^k tombait d'une hauteur de $0,^m20$, sa panne parfaitement plane offrait une section rectangulaire, dont les deux dimensions étaient $0,^m07$ et $0,^m04$.

J'ai mesuré les enfoncements après 10, 15, 20, 25 et 30 coups ; les résultats obtenus sont consignés dans le tableau suivant :

NOMBRE de coups	IMPRESSION EN MILLIMÈTRES provenant du nombre de coups indiqué	HAUTEURS de chute équivalentes en mètres.
10	$6^{mill}.50$	2^m 032
15	10 » 00	3. 069
20	13 » 00	4. 120
25	15 » 00	5. 190
30	16 » 50	6. 260

Quelques mots sont peut-être nécessaires pour faire comprendre ce que signifient les nombres insérés dans la 3ᵉ colonne.

Le marteau, tombant à chaque coup de 0,ᵐ20, produisait dans sa chute un travail de 106×0.20 kilogrammètres, et par suite dans 10 coups, un travail de $106 \times 2,00$ kilogrammètres. Au bout de 10 coups, le travail produit était le même que si le marteau était tombé de dix fois la hauteur de chute, la hauteur équivalente de chute serait donc $2^m,00$, si le marteau ne s'enfonçait pas dans l'enclume en plomb; mais dès lors qu'il y a eu enfoncement, la hauteur de chute s'est augmentée à chaque coup de l'enfoncement résultant du coup précédent.

Pour chaque coup de marteau successif, l'enfoncement diminue évidemment suivant une loi inconnue; on peut admettre cependant, sans erreur sensible, que l'enfoncement pendant les 10 premiers coups a été le même dans chaque coup; alors la hauteur équivalente sera :

$$2.00 + 0.00072 + 0.00144 + 0.00216 + 0.00288 + 0.00368 + 0.00432 + 0.00506 + 0.00576 + 0.00648 \text{ ou } 2.03240, \text{ soit } 2^m032.$$

Les autres nombres ont été calculés de même.

Une courbe ayant pour ordonnées ces hauteurs de chute équivalentes, et pour abscisses les profondeurs de pénétration, donnera la hauteur de chute nécessaire, pour obtenir, avec le marteau étudié, un enfoncement compris entre 6$^{\text{mill.}}$ 50 et 16$^{\text{mill.}}$ 50.

Cela posé, P étant, en général, le poids du corps qui tombe;

h la hauteur de chute dont il tombe qui est égale à $0^m,20$;

s la surface qui frappe l'enclume de plomb;

e la profondeur de l'impression résultant d'un coup;

K la résistance par unité de surface que le plomb oppose à la pénétration.

il est clair que l'on a pour le premier coup :

$$Ph = Kse$$

car le travail de l'action est égal à celui de la réaction.

Le cœfficient K varie avec la vitesse, c'est-à-dire avec la hauteur de chute; si donc on considère le 2e coup où le marteau tombe d'une hauteur $h+0,00072$, le cœfficient K n'a plus la même valeur au point de vue mathématique, mais l'expérience ne peut constater une variation sensible que pour des valeurs de h assez différentes, par suite h'', h'', h''', etc., étant les hauteurs successives de chute, et e'' e'' e'''... les enfoncements correspondants, on a :

$$P h' = K s e'$$
$$P h'' = K s e''$$
$$P h''' = K s e'''$$
$$... = ...$$

ou

$$P \Sigma (h) = K s \Sigma (e' + e'' + e''')$$

$\Sigma (h)$ étant ce que j'ai appelé *hauteur équivalente* et K ne variant plus qu'avec les enfoncements. La substitution dans cette équation des nombres indiqués précédemment, donne :

K = 11k.25 par millimètre carré pour un enfoncement de	6	mill	50
= 11.44	—	—	10	00
= 12.00	—	—	13	00
= 13.11	—	—	15	00
= 14.57	—	—	16	50

En traçant une courbe dont les abscisses sont les enfoncements indiqués dans ces colonnes et dont les ordonnées sont les valeurs de K on a :

K = 11^k.25 par millimètre carré pour un enfoncement de   6 ^{mill} 50
  = 11.38   —   —   8   50
  = 11.44   —   —   10   00
  = 11.65   —   —   11   50
  = 12.»»   —   —   13   00
  = 12.50   —   —   14   00
  = 13.11   —   —   15   00
  = 14.20   —   —   16   00
  = 14.57   —   —   16   50

L'appareil n'a pas permis de donner plus d'extension à ce tableau.

RÉSISTANCE DE L'ÉTAIN A LA COMPRESSION PAR CHOCS.

En faisant tomber le même marteau dans des enclumes en étain, j'ai trouvé les enfoncements suivants pour le nombre des coups désignés dans le tableau ci-joint :

NOMBRE DE COUPS dans chaque expérience	ENFONCEMENTS en millimètres
5	2.00
10	2.50
15	2.80
20	3.00

de la comparaison de ces résultats avec ceux qui sont relatifs au plomb, on peut conclure que le cœfficient K de la résistance qu'offre l'étain, est environ quatre fois plus grand que celui qui se rapporte au plomb.

RÉSISTANCE DU FER CHAUFFÉ AU BLANC SOUDANT A LA COMPRESSION PAR CHOCS.

En répétant les mêmes expériences sur du fer dur chauffé au blanc soudant, j'ai obtenu les résultats suivants :

NOMBRE DE COUPS dans chaque expérience.	ENFONCEMENTS en millimètres
10	4.5
20	5.5
30	6.20

Ces résultats montrent qu'en représentant par 1 la résistance du plomb, celle du fer était, aux enfoncements successifs considérés :

1.4   2.4   2.5

Cette augmentation dans la dureté provient en

grande partie du refroidissement du métal qui, à la fin des expériences, était passé au rouge-clair et elle doit faire conclure que la fréquence des coups est une des conditions les plus essentielles de l'établissement des marteaux.

PROVENANCE DES MATIÈRES SOUMISES AUX EXPÉRIENCES.

Il faudrait indiquer pour compléter cette matière, la composition chimique des métaux soumis aux expériences ; n'ayant pas eu à ma disposition les moyens de les analyser, je me bornerai aux renseignements suivants :

Le plomb qui a servi aux observations est connu dans le commerce sous le nom de plomb de France, il est considéré comme assez pur et coûte 63 francs les 100 kilogrammes.

J'ai employé également de l'étain banca, on le paie 375 francs les 100 kilog.; enfin le fer était du fer de bandage fabriqué au marteau pilon à Montigny et très-dur, ainsi que je l'ai montré dans mes expériences sur le forage des métaux.

CHAPITRE II.

EFFORTS DE TRACTION.

Efforts de traction déterminés par des charges successives.

EFFETS PHYSIQUES PRODUITS PAR DES EFFORTS DE TRACTION
DÉTERMINÉS PAR DES CHARGES SUCCESSIVES.

Quand un corps est soumis à un effort de traction F, il prend un allongement i d'autant plus
grand que F est lui-même plus considérable; tant
que F est inférieur à une certaine limite, le corps
reprend sa forme dès qu'on fait cesser l'effort de
traction, mais si F. dépasse cette limite, le corps
ne peut plus reprendre exactement ses dimensions
primitives et offre toujours un certain allongement.

On dit alors qu'il a dépassé la limite d'élasticité naturelle, et cet état constitue un acheminement vers la rupture qui aurait lieu pour des charges plus fortes.

RELATION ENTRE LES EFFORTS DE TRACTION, LES ALLONGE-MENTS ET LA SECTION DU CORPS. EFFORTS PERMANENTS DE TRACTION.

Tant que la limite d'élasticité n'est pas dépassée, l'expérience prouve que l'allongement de l'unité de longueur $\frac{i}{l}$ est proportionnelle à F et en raison inverse de la section ω du corps. On a donc :

$$\frac{i}{l} = \frac{F}{\omega}\,\frac{1}{E}$$

Le nombre E constant pour un même corps est appelé coefficient d'élasticité.

Au-delà de la limite d'élasticité, $\frac{i}{l}$ croît plus vite que F.

Le temps joue aussi un certain rôle dans l'altération de la forme; il est inutile d'en tenir compte tant que F est très-inférieur à la limite précitée; mais si l'on se rapproche de cette limite, la durée de l'effort ne peut plus être éliminée, aussi ne doit-on jamais faire supporter aux constructions que des efforts permanents très-inférieurs à cette charge limite.

L'expérience fait admettre que les efforts permanents peuvent être, en général, la moitié de la charge limite dans les cas ordinaires, et le tiers seulement si on a à craindre des vibrations ou des chocs.

L'équation : $\dfrac{i}{l} = \dfrac{F}{\omega}\dfrac{l}{E}$ permet de déterminer, pour les différents corps les valeurs du coefficient E d'élasticité ; elles sont contenues dans le tableau suivant :

Chêne	1200
Sapin	1854
Orme	970
Fer	20000
Acier d'Allemagne	21000
Acier fondu	19000
Fonte grise	9096
Fil de cuivre étiré	12000

Cette même équation permet aussi de trouver l'allongement que subirait un corps de longueur l et de section ω connues, sous l'influence d'une force F.

On a déterminé expérimentalement les efforts de tractions limites que peuvent supporter les diver-

ses substances par millimètre carré et l'on a trouvé
pour :

Chêne	$2^k.00$
Sapin	2.17
Orme	2.35
Fer	12.205
Acier d'Allemagne	25.000
Acier fondu	66.000
Fonte grise	6.000
Fil de cuivre étiré	15.000

Ces nombres permettent de calculer la section ω que l'on doit donner à un corps destiné à
supporter un effort donné.

Si, par exemple, on suppose une barre de fer
soumise à un effort de $4^k,200$, on conclut que cette
barre pouvant supporter par millimètre carré une
charge constante de $\frac{12^k,20}{2}$ ou 6^k10, la section sera
de $\frac{42,00}{6,10}$ ou $6,88$ millimètres carrés.

EFFORTS DE TRACTION DÉTERMINANT LA RUPTURE. EFFORTS PERMANENTS.

Quelques auteurs présentent autrement cette
détermination, ils partent de la charge de rupture
et admettent, d'après les expériences des constructeurs, que l'effort permanent peut être de :

$\frac{1}{10}$ de la charge de rupture, pour bois pierres et mortiers.

$\frac{1}{6}$ id.   pour métaux.

$\frac{1}{2}$ id.   pour métaux.

Le tableau suivant indique les charges de rupture des différents corps par millimètre carré et les charges permanentes qui en résultent.

SUBSTANCES DIVERSES	CHARGE DE RUPTURE (en kilogrammes) par millim. carrés.		CHARGES PERMANENTES LIMITES (en kilogrammes) par millim. carré.	
Sapin.	8 à	9 k.	0 k.	8
Orme.	10	40	1	04
Fer forgé fort.	60	00	10	00
Fer étiré.	25	00	4	16
Fer en barres moyennes...	40	00	6	66
Fonte grise.	13	50	2	25
Acier fondu.	100	00	16	76
Acier de mauvaise qualité,.	36	00	6	00
Cordes en chanvre de Strasbourg, de 13 à 14 millim. de diamètre.	8	80	4	40
Cordes en chanvre de Lorraine.	6	50	3	25
Cordes en chanvre de Strasbourg, de 23 millim, de diamètre.	6	00	3	00
Cordages goudronnés,.	4	40	2	20
Vieille corde.	4	20	2	10
Courroie.	»		0	20

Ajoutons quelques renseignements importants :

Les chaînes ordinaires offrent une résistance qui est 1,50, celle de fer dont elle est formée ; les chaînes étançonnées ont une résistance double.

Les rivets qui réunissent deux plaques et qui tendent à se ployer et à être coupés dans le glissement des plaques, offrent une résistance que l'expérience prouve être sensiblement la même que dans le cas d'une traction longitudinale. (Voyez plus loin le chapitre ou l'on traite la résistance au cisaillement.)

La résistance d'une vis ou d'un boulon dépend du diamètre de son noyau ; le fer étant toutefois aigri par le taraudage, on ne doit admettre qu'une charge de 2 à 3^k par millimètre carré ; dans toute vis, la hauteur de l'écrou doit être égale au diamètre du boulon et présenter 6 à 8 filets en prise.

Les vis à bois auront 12 filets en prise et ne s'enfonceront jamais en bois debout.

Efforts de traction déterminés par des chocs.

THÉORIE DE L'ÉLASTICITÉ VIVE DE RUPTURE DE M. PONCELET. — APPLICATION A QUELQUES CAS.

M. le général Poncelet a donné une méthode pour calculer le travail mécanique que doivent dé-

velopper les efforts de traction instantanés capables
de rompre une pièce d'une dimension déterminée,
méthode que nous avons calquée entièrement pour
résoudre la même question relativement à des efforts de compression.

M. Poncelet construit une courbe dont les ordonnées sont les charges graduelles auxquelles
on soumet un corps par voie de traction et dont les
abscisses sont les allongements correspondants ; il
est clair qu'en faisant croître ces charges depuis
zéro jusqu'à celle qui provoque la rupture, le travail nécessaire pour briser le corps sera donné par
l'aire de cette courbe.

Ce travail, qu'il appelle résistance vive de rupture, étant désigné par T_r, il est clair que pour
qu'un poids P, tombant d'une hauteur H, et supposé attaché à la partie inférieure du corps, amène
la rupture il faut que l'on ait :

$$T_r = PH$$

Cette équation permet de déterminer la hauteur
dont devra tomber un poids donné P ou le poids P
qui devra tomber d'une hauteur connue H pour
causer l'effet proposé.

La quadrature de pareilles courbes a indiqué que :

la résistance vive de barres de fer rond de 6^m de longueur et de $0,^m030$ de diamètre est de . . . . 19076^k, 27

la résistance vive de fils de fer dur recuit est de 0, 500

— *id.* — *id.* non recuit est de . . 0, 6810

Si au lieu de pousser la quadrature jusqu'à la charge correspondant à la rupture, on va seulement jusqu'à celle qui donne la limite de l'élasticité, ou à la résistance vive d'élasticité qui pour les fils de fer recuit égale. . . . . . . 0^k, 00662 et pour les fils de fer dur non recuit égale. 0, 00585

On voit que si les fers durs recuits conservent plus longtemps leur élasticité, ils offrent l'inconvénient d'être beaucoup plus fragiles, que les fils de fer durs non recuits, par l'effet des chocs.

CHAPITRE III.

**Application des notions précédentes à la recher-
che des dimensions des diverses parties qui
dans les machines sont soumises à des efforts
de compression ou de traction.**

EXAMEN DE DIVERS CAS : AXES DES TURBINES, TIGES DES PISTONS
ET BIELLES DES MACHINES A VAPEUR.

En partant des notions développées précédemment, il n'est pas difficile de déterminer les dimensions des pièces soumises à des efforts de compression ou de traction.

Les diverses turbines offrent des arbres pleins ou creux qui ont à supporter des poids considérables ; il faudra calculer ce poids, et les formules vues au chapitre relatif à la traction ou à la compression, permettent de déterminer leurs dimensions.

Certains organes des machines se trouvent soumis alternativement à des efforts de compression et à des efforts de traction ; on calculera alors leurs dimensions en considérant seulement l'un des efforts, celui de compression, par exemple, parce que tant que les efforts ne dépassent pas ceux qui correspondent à la limite d'élasticité, l'expérience prouve que les compressions résultant d'une certaine force P sont égales aux allongements que la même force accasionnerait dans les mêmes circonstances, par voie de traction.

Il résulte de là que l'on devrait calculer le diamètre de la tige d'un piston de machine à vapeur par la formule :

$$P = \frac{600d^4}{1.97d^2+0.00064l^2} \cdots\cdots \text{(Page 19)}$$

Cette méthode donnerait toutefois, une dimension un peu faible, parce qu'elle néglige l'influence de l'usé de la tige et des vibrations auxquelles elle doit résister.

Watt avait donné une règle empirique bien simple pour les machines à basse pression ; le diamètre de la tige devait être suivant lui, 1/10 de celui du cylindre. Les constructeurs modernes paraissent suivre une règle également empirique et menant à

des tiges un peu plus fortes ; M. Armengaud l'é-
nonce ainsi : « Multipliez la surface du piston (en
» centimètres carrés) par la pression de la vapeur
» en kilogrammes sur chaque centimètre carré ;
» divisez le produit par 100, la racine carrée du
» quotient exprimera (en centimètres), le diamètre
» de la tige du piston. »

Cette règle suppose, bien entendu, une tige en
fer forgé ; quand on la fait en acier, leur diamètre
ne doit être que les 0, 6 du diamètre en fer forgé.

D'après cela un cylindre de 0,^{m}040 de diamètre,
marchant à 4 atmosphères, aurait une tige de piston,
en fer forgé, d'un diamètre de 0,^{m}072 ou en acier,
d'un diamètre de 0,^{m}043.

BIELLES DES MACHINES A VAPEUR.

On sait que les bielles sont des organes qui servent à transformer un mouvement rectiligne alternatif en un mouvement circulaire tantôt continu,
tantôt alternatif ; ainsi dans les machines à vapeur
horizontales, une bielle relie la tige du piston
à la manivelle et lui transmet sa puissance motrice
en transformant le mouvement de va et vient du
piston en un mouvement de rotation continu ;

dans les machines de Watt, au contraire, une bielle réunit la tige du piston à l'extrémité du balancier, transforme le mouvement alternatif du piston en un mouvement circulaire également alternatif.

EFFORTS QU'ELLES SUPPORTENT.

Les efforts supportés par la bielle dépendent évidemment de la puissance de la machine, et sont toujours dans un tour du volant de deux espèces différentes.

1° La bielle est soumise à un effort de traction quand le piston s'éloigne du centre de la manivelle ou du centre du balancier;

2° La bielle est soumise à un effort de compression dans la course inverse.

DIVERS MODÈLES DE BIELLES EN FER.

Les bielles sont tantôt en fer forgé, tantôt en fonte; les premières sont adoptées dans les machines horizontales et dans les machines verticales à directrices, dans les locomotives, en un mot dans toutes les machines à grandes vitesses; les secondes, dans les machines à basse pression de Watt et dans les machines à moyenne pression du système Wolff.

Les deux extrémités d'une bielle ont reçu le nom de têtes, entre ces deux têtes se trouve le corps de la bielle (*fig*. 1).

L'une des têtes forme une sorte de fourche à deux branches ; c'est entre ces deux branches que se place la traverse du piston, l'autre tête se relie, par une simple articulation, avec le bouton de la manivelle. Le corps et les deux têtes sont forgées d'une seule pièce en bon fer nerveux ; la section du corps est circulaire pour la facilité de tournage, mais les têtes ont une section rectangulaire et sont disposées de manière à recevoir des coussinets en bronze que l'on recouvre par des chappes ou brides en fer B retenues à l'aide de clavettes, afin de former ainsi des articulations, soit autour des tourillons de la traverse du piston, soit autour du bouton de la manivelle.

La (*fig*. 2) représente la coupe verticale faite suivant l'axe de l'une des branches de la fourche (1). On voit que les coussinets à joue C sont enveloppés par des brides en fer méplat B, dont chacune est traversée ainsi que chaque branche par la clavette

(1) On a placé toutefois à dessein, dans cette coupe deux contre-clavettes afin de montrer ses divers dispositifs, tandis que la fig. 1, n'en suppose qu'une.

à vis *c* et par deux clavettes à talon *c'* ; on opère à l'aide de ces clavettes la réunion des deux coussinets en ménageant le jeu nécessaire, d'un côté dans l'épaisseur de la bielle et de l'autre dans celle de la chappe ; par suite, quand on tourne l'écrou qui fait marcher la clavette *c* taillée en coin, on tend à écarter les clavettes *c'* l'une vient butter contre la tête de la bielle, l'autre contre la chappe et les deux coussinets se rapprochent.

Quelquefois on n'emploie qu'une clavette à vis et une contre-clavette, on a supposé ce système dans la (*fig.* 3). On cache aussi la partie filetée de la clavette à vis et son joint avec les autres clavettes, à l'aide d'une petite boîte en bronze qui sert de point d'appui à l'écrou ; enfin il est bon de placer sur les coussinets un godet *g* en cuivre fermé par un couvercle et renfermant une petite mèche qui amène constamment de l'huile sur les tourillons. L'axe de ce godet doit être évidemment vertical, aussi la (*fig.* 1) suppose-t-elle une bielle horizontale.

La bielle dont nous venons de donner la description peut être considérée comme la bielle type employée dans la plupart des machines fixes ; néanmoins bien des constructeurs adoptent des formes différentes.

Ainsi l'on rencontrera souvent dans les machines de faible force des bielles dont les têtes entières sont forgées d'une seule pièce avec le corps et dont les coussinets sont ajustés vifs et sans joue (*fig.* 5). On met du reste facilement ces bielles en place ; pour cela on monte, sur le tourillon à faire mouvoir, les coussinets qui s'y trouvent maintenus par des embases, on passe la bielle dont l'ouverture qui reçoit les coussinets est naturellement plus grande que les embases, puis l'on introduit une clavette qui entre en partie dans une entaille pratiquée dans le coussinet inférieur et qui rend le tout solidaire. Quand les coussinets sont usés, il faut les rapprocher sans déplacer le centre, on agit alors à la fois sur la clavette et sur une vis de pression *v*.

On emploie encore des bielles fourchues à tête simple, chaque branche (*fig.* 6 et 7), présente un enfourchement dont l'ouverture est tournée en dehors, les coussinets s'y introduisent par le bout et sont retenus par les joues saillantes qu'ils portent de chaque côté. On les serre à l'aide d'une clavette *c* qui s'appuie d'un côté sur le coussinet extérieur et de l'autre sur une contre clavette à talon qui maintient l'écartement des deux parties d'une même branche de la fourche ; la (*fig.* 7) représente les deux fourches coupées par un plan vertical passant par le centre des coussinets.

Les têtes de la bielle sont quelquefois formées par des coussinets en bronze fondus avec des oreilles qui permettent de les réunir à l'aide de boulons. On voit (*fig.* 8), que le coussinet inférieur porte une douille creuse qui s'ajuste à l'aide d'une clavette avec le corps de la bielle. La position du godet graisseur suppose ici que la bielle a une position verticale.

Les bielles employées dans les machines oscillantes des bateaux ont ordinairement une disposition analogue. On sait que dans ce cas c'est la tige du piston qui constitue la bielle proprement dite.

P est la tige du piston (*fig.* 9), un manchon A s'ajuste à l'aide d'une clavette *c* sur cette tige ; sur ce manchon se placent deux coussinets à oreilles C et C′, recouverts d'une pièce A′ portant godet, et des boulons B et B serrent les coussinets et la pièce A′ snr le manchon.

DIMENSIONS DES BIELLES EN FER.

On pourrait calculer les dimensions des corps des bielles en fer d'après les formules exposées précédemment de manière à les faire résister aux efforts de traction et de compression, mais cette méthode ne tiendrait pas compte des vibrations auxquelles cet organe peut être soumis.

Nous préférons donc faire connaître les règles empiriques adoptées par les constructeurs pour déterminer les proportions de leurs diverses parties.

Le diamètre du corps s'obtient en millimètres en extrayant la racine quarrée de la pression totale évaluée en kilogrammes, et en ajoutant 5 millimètres au résultat.

On a donc en général :

$$d = 5 + \sqrt{P}$$

D'après cela, si la pression totale de la vapeur sur le piston était de 7,569 kilogrammes, comme

$$\sqrt{7569} = 87$$

on donnerait au corps de la bielle un diamètre de $87 + 5 = 92$ millimètres.

Ce diamètre ne sera que le diamètre primitif; afin qu'il ne se produise pas de flexion, on devra renforcer la bielle, c'est-à-dire, qu'elle sera renflée vers son milieu, le diamètre D au milieu sera donné par la formule :

$$D = d\sqrt{\frac{30+r}{30}}$$

r étant le rapport de la longueur de la bielle au diamètre d déjà déterminé pour les parties extrêmes du corps.

Les têtes des bielles contiennent des coussinets dont l'épaisseur doit être suffisante pour qu'ils ne s'ovalisent pas. On peut admettre : $e = 0,2\,d'$ (d' étant le diamètre du tourillon serré entre les coussinets) ; la longueur l des coussinets sera celle du bouton de la manivelle ou des tourillons de la traverse du piston.

La largeur L des branches de la fourche sera égale à la longueur des coussinets diminués de deux fois l'épaisseur des joues des coussinets, cette épaisseur peut être de $\frac{1}{10}$ environ du diamètre d' donc,

$$L = l - 0.2d'$$

Les clavettes auront des dimensions qui leur permettront de ne point se rompre. On admettra :

$$\text{Largeur moyenne} = b = 0.35d' + 5$$
$$\text{Épaisseur} = e = 0.25d'$$

On aura pour la distance g à laquelle les clavettes passeront des coussinets :

$$g = 0.5d' + 5 \text{ (en millimètres)}.$$

L'épaisseur de la bride en fer est donnée sur l'axe
par la formule :

$$E = 0.3d + 2 \text{ millimètres.}$$

Son épaisseur près du coussinet :

$$E' = 0.2d + 2 \text{ millimètres.}$$

Enfin l'épaisseur, près des clavettes :

$$E'' = \frac{d + 10}{4} \text{ millimètres,}$$

Le tableau suivant déterminera, du reste, les
principales dimensions des bielles en fer forgé en
fonction du diamètre d' des tourillons qu'elles doivent conduire.

Le diamètre D seul n'y figure pas, parce que sa
valeur dépend de la longueur de la bielle.

Ce tableau, ainsi que les détails qui précèdent,
sont en partie extraits de la publication industrielle
de M. Armengaud.

Dimensions des bielles en fer forgé.

DIAMÈTRE d du tourillon à conduire	ÉPAISSEUR c du coussinet	PORTÉE l du coussinet	double de la SAILLIE s des joues	LARGEUR B des branches	LARGEUR MOYᵉ des clavettes	ÉPAISSEUR des clavettes	DISTANCE G du trou ou passent les clavettes à la surface extérieure du coussinet
25	5	31.2	5.5	26.2	13.7	6.2	17.5
30	6	37.5	6.0	31.5	15.5	7.5	20.0
35	7	43.7	6.5	36.7	17.2	8.7	22.5
40	8	50.0	7.0	42.0	19.0	10.0	25.0
45	9	56.2	7.5	47.2	20.7	11.2	27.5
50	10	62.5	8.0	52.5	22.5	12.5	30.0
60	12	75.0	9.0	63.0	26.0	15.0	35.0
70	14	87.5	10.0	73.0	29.5	17.5	40.0
80	16	100.0	11.0	84.0	33.0	20.0	45.0
90	18	112.5	12.0	94.5	36.5	22.5	50.0
100	20	125.0	13.0	105.0	40.0	25.0	55.0
110	22	137.5	14.0	115.5	43.5	27.5	60.0
120	24	150.0	15.0	126.0	47.0	30.0	65.0
130	26	162.5	16.0	136.5	50.5	32.5	70.0
140	28	175.0	17.0	147.0	54.0	35.0	75.0
150	30	187.5	18.0	157.5	57.5	37.5	80.0
160	32	200.0	19.0	168.0	61.0	40.0	85.0
170	34	212.5	20.0	178.5	64.5	42.5	90.0
180	36	225.0	21.0	189.0	68.0	45.0	95.0
190	38	237.5	22.0	199.5	71.5	47.5	100.0
200	40	250.0	23.0	210.0	75.0	50.0	105.0

Quant à D pour l'obtenir il suffira de multiplier d

Par 1.77 1.153 1.225 1.228 1.353 1.414 1.469
Pour $r =$ 5   10   15   20   25   30   35

BIELLES EN FONTE ($fig.$ 10, 10 bis ET 11).

Le diamètre des extrémités du corps s'obtient, dans la pratique, par la formule :

$$d = \sqrt{\frac{P}{23.6}}$$

d est le diamètre cherché en centimètres.

P la pression maximum en kilogrammes, supportée par le piston.

Dans le cas où le piston aurait un diamètre de 0^m50 et supporterait une pression de 2^k par centimètre carré on aurait :

$$P = \frac{3.141 \times 0.50^2}{4} \times 2$$

Les bielles en fonte ($fig.$ 11) sont coulées de manière à offrir quatre nervures symétriques par rapport à leur centre, le côté D du carré circonscrit au milieu du corps est calculé par la formule :

$$D = \sqrt{\frac{P}{10}}$$

la largeur l des nervures est constante dans toute la longueur de la bielle et égale $\frac{D}{2}$; la hauteur de ces nervures diminue depuis le milieu de la bielle jusqu'à l'extrémité du corps où elle est nulle.

Les têtes portent des coussinets disposés comme dans le cas des bielles en fer; les deux branches de la fourche présentent à cet effet sur les deux faces opposées (*fig.* 10 et 10 *bis*) une partie dressée sur laquelle s'appliquent exactement des brides en fer F, qui servent à retenir les coussinets en bronze C et C' par lesquels sont embrassés les tourillons de la traverse du piston. Chacune de ces brides est retenue par une clavette ajustée entre deux clefs à talons dirigés perpendiculairement à l'axe de la bielle.

Les dimensions de ces brides se calculent par les mêmes formules que celles des bielles en fer à chappes dont il a été question, il en est de même des autres parties, tout ce qui a été dit précédemment leur est applicable. La *fig.* 12 représente l'attache de la bielle avec le tourillon de la manivelle, en supposant qu'il n'y ait pas de bride en fer; dans ce cas, le profil de la tête en fonte est une ellipse dont le grand axe est égal à $2,70d+4$ millimètres, et le petit axe à $2,25d+7$ millimètres.

BIELLES EN BOIS.

Dans certaines machines, telles que les scieries, où l'on craint des chocs et des vibrations, on fait des bielles en bois.

Elle se composent d'une verge de bois à la fois dur et flexible, dont la section toujours rectangulaire est un peu plus forte au milieu qu'aux extrémités ; chaque tête est formée par une fourche en fer dont les branches prolongées embrassent le bois sur une certaine étendue et s'y fixent par des boulons, les coussinets sont en bronze sans joue et serrés par une simple clavette qui pénètre légèrement dans l'un d'eux (*fig.* 13).

On calcule la section de ces bielles de manière à ce qu'elles ne supportent que 40 kilog. par centimètre carré.

BRAS DE VOLANTS.

Les bras des volants doivent présenter une section droite assez grande pour résister à l'action de la force centufrige qui tend à les briser par voie de traction : P étant le poids de l'anneau du volant, R son rayon moyen, ω sa vitesse angulaire de rotation, $\frac{P}{g} \omega^s R$ sera la force de traction à laquelle devront résister les bras et leurs assemblages avec l'anneau.

Cette force étant calculée dans chaque cas particulier, on déterminera les bras de manière à ce que chaque millimètre carré ne supporte qu'un effort de 6^k 10 s'ils sont en fer, et de 2^k 25 s'ils sont en fonte.

TIGES DE MARTEAUX PILONS.

Dans les marteaux pilons, la masse qui constitue le marteau est fixée à la tige du piston du cylindre à vapeur; cette tige se trouve soumise, dans l'élévation du marteau, à des efforts de traction et, dans sa chute, à un effort de compression par choc et à des vibrations de sens très-variables.

L'expérience seule peut fournir quelques renseignements utiles sur le diamètre à donner à ces tiges. On doit donc rechercher les diamètres des tiges des marteaux pilons établis dans de bonnes conditions, et former une espèce de table qui servira de guide dans les constructions de ce genre de machines. J'ai recueilli dans ce but les données suivantes :

POIDS du marteau en kilogr^{mmes}	LOCALITÉS où le marteau est établi	DIAMÈTRE de la tige	OBSERVATIONS
400	Reischoffen.........	0^m.06	a toujours bien résisté
500	Hayange...........	0.06	id.
1000	Reischoffen.	0.08	id.
1500	Hayange...........	0.08	souvent cassée
1500	Ars'...............	0.085	a bien résisté
1800	Ars.	0.085	id.
2400	Munterhausen.......	0.078	souvent cassée
2400	Munterhausen	0.090	résiste bien
3050	Munterhausen	0.084	souvent cassée
3050	Munterhausen.......	0.090	résiste bien
4300	Hayange...........	0.015	souvent cassée

STOCKS OU FONDATIONS ÉLASTIQUES DES MARTEAUX.

Sous l'action du marteau, non-seulement la pièce à forger est comprimée, mais l'enclume, la chabotte et les fondations le sont aussi; quand le marteau est arrivé au bas de sa course, celles-ci réagissent, la pièce à forger se relève verticalement et la profondeur de l'impression se trouve augmentée par cette espèce de choc en retour.

Cela posé, si on désigne par m la masse du marteau, et par V sa vitesse, $\frac{1}{2}\,m\text{V}^2$ est le travail de
l'action, travail qui sera égal à celui de la réaction,
on aura donc :

$$\frac{1}{2}\,m\,\text{V}^2 = F e$$

en représentant par F la réaction des parties qui
supportent la pièce à forger, et par e le chemin
parcouru par cette force ; de là on déduit :

$$F = \frac{\frac{1}{2}\,m\,\text{V}^2}{e}$$

il est clair que si $e = o, F = \infty$; or, la fonte étant
très-peu compressible, dans le cas où un ouvrier
maladroit ferait tomber le marteau sur l'enclume
et non sur la pièce à forger, e serait très-petit,
F très-grand, et l'enclume serait brisée, si les fondations n'étaient pas élastiques.

On doit donc placer sous les marteaux des fondations élastiques ; elles sont composées généralement de deux lits horizontaux de poutres de bois
de chêne de $0^m,30$ à $0^m,40$ d'équarissage, se croi

sant à angle droit et réunies par des boulons; celles-ci reposent sur des pièces verticales de même équarrissage, longues de $0^m,80$, dont l'extrémité inférieure s'appuie sur un nouveau lit horizontal de poutres.

Ce dernier lit est posé sur une couche de sable fin ou de béton, profonde de $0^m,50$.

Ce système de fondations doit être assez large pour dépasser dans tous les sens les pièces du marteau de $1^m,00$ environ, et être contenu dans une espèce de cuve en maçonnerie.

ÉPAISSEUR DES CYLINDRES CREUX SOUMIS A UNE PRESSION INTÉRIEURE.

Quand un cylindre creux, comme celui d'une machine à vapeur, est soumis à une pression intérieure, il tend à augmenter de rayon, et la théorie et l'expérience prouvent que la rupture a lieu suivant une des génératrices. Calculons l'épaisseur e à lui donner pour résister aux efforts de cette pression dont P sera la valeur par unité de surface. Si nous désignons par r le rayon intérieur, et par l la longueur du cylindre, la pression totale sera $P \times 2\pi r \times l$; le rayon r s'allongera de i et $P \times 2\pi r \times l \times i$ sera le travail de la pression.

D'un autre côté, la circonférence s'est allongée de $2\pi i$ et si δ est la plus grande charge qu'on puisse lui faire supporter par voie de traction, en deçà de la limite d'élasticité, le travail résistant développé par les ressorts moléculaires, sera :

$$\delta \times l \times e \times 2\pi i$$

On aura donc :

$$P \times 2\pi r \times l \times i = \delta \times l \times e \times 2\pi i$$

d'où :

$$e = \frac{Pr}{\delta}$$

Cette formule montre que le cylindre est d'autant plus résistant que son rayon est moindre.

La valeur limite de δ est donnée par les tableaux insérés précédemment.

Pour les cylindres des presses hydrauliques, il paraît convenable de faire varier δ de 4,000,000 à 6,000,000 par mètre carré, suivant la qualité de la fonte. En France, on adopte généralement le premier nombre.

Pour les cylindres des machines à vapeur, des tuyaux de conduite, la formule précédente donnerait des dimensions trop faibles ; le travail de la fonderie et de la construction en général, l'usé possible de la matière, les chances de rupture dans le transport nécessitent l'addition d'une épaisseur e' constante pour chaque espèce de cylindre, à celle qui est donnée par la formule ; ainsi on a en général :

$$e = c' + \frac{Pr}{\delta}$$

ou :

$$e = c' + \frac{10330\ Nr}{\delta} = c' + \frac{5165\ Nd}{\delta}$$

N étant le nombre d'atmosphères de pression effective, et d le diamètre intérieur.

Pour les cylindres des machines à vapeur, on emploie la formule :

$$e = 0,01 + 0,0065\ Nd$$

qui suppose $\delta = 1,000,000$ environ.

L'épaisseur des chaudières à vapeur en tôle de fer, doit être calculée, d'après une prescription du gouvernement, par la formule :

$$e = 0^m003 + 0,0018\ Nd$$

Qui suppose $\delta = 3,000,000$ et une surépaisseur

constante de 3 millimètres, pour obvier à la détérioration produite par l'action du feu.

L'expérience a fait adopter, pour les conduites d'eau, les proportions suivantes, selon que les tuyaux sont en :

$$
\begin{aligned}
\text{Fer} &\dots\dots\dots\dots\dots & e &= 0^{\text{m}}\ 003 + 0.00086\ Nd \\
\text{Fonte} &\dots\dots\dots\dots\dots & e &= 0.0085 + 0.00238\ Nd \\
\text{Cuivre laminé} &\dots\dots\dots\dots & e &= 0.\ 004 + 0.00147\ Nd \\
\text{Plomb} &\dots\dots\dots\dots\dots & e &= 0.\ 005 + 0.00242\ Nd \\
\text{Zinc} &\dots\dots\dots\dots\dots & e &= 0.\ 004 + 0.00620\ Nd \\
\text{Bois} &\dots\dots\dots\dots\dots & e &= 0.\ 027 + 0.\ 0323\ Nd \\
\text{Pierres naturelles} &\dots\dots\dots & e &= 0.\ \ 03 + 0.00363\ Nd \\
\text{Pierres factices} &\dots\dots\dots & e &= 0.\ \ 04 + 0.00538\ Nd
\end{aligned}
$$

DIMENSIONS DES BOULONS QUI RÉUNISSENT LE FOND DES CYLINDRES ET LEUR CORPS.

Le fond des cylindres est généralement réuni au corps par des boulons, dont on doit calculer le nombre et les dimensions de manière à résister à la pression intérieure qui tend à les rompre par traction longitudinale.

La poussée est évidemment $\frac{Pd^2}{1.273}$; si on désigne par d' le diamètre des boulons, et x leur nombre, l'aire transversale de l'un d'eux étant $\frac{d'2}{1.273}$ et le fer pouvant supporter un effort de 6,000,000 par mètre carré, $6,000,000\ \frac{d'2}{1.273}$ exprimera l'effort de

traction auquel résistera chaque boulon ; on aura
donc :

$$x \times 6000000 \, \frac{d^2}{1.273} = P \, \frac{d^2}{273}$$

équation qui déterminera le nombre des boulons.

DIMENSIONS DES TIGES DE FER SOUMISES A UN EFFET DE TRACTION DÉTERMINÉ.

Les nombres insérés dans les tableaux donnés à
l'article de la traction permettent de résoudre cette
question, chaque fois qu'il n'est pas nécessaire de
tenir compte du poids des tiges ; ce dernier cas se
présente souvent pour les machines d'épuisement ;
dans les sondages d'une grande profondeur, le
poids des tiges est, en effet, trop considérable pour
qu'on ne fasse pas entrer son influence dans la détermination de leurs dimensions.

Soient : L la longueur de son diamètre
d son diamètre
P l'effort de traction
p le poids du mètre cube de la tige

la charge totale est :

$$P + Lp \frac{d^2}{1.273}$$

Elle doit être égale à la charge maximum que

l'on peut faire supporter à la tige ; si celle-ci est
en fer, on peut, par mètre carré de section, lui
faire supporter un effort de 8,000,000^{k}, donc :

$$P + Lp\,\frac{d^2}{1.273} = \frac{d^2}{1.273}\,800000$$

d'où :

$$P = \frac{d^2}{1.273}\left(8000000 - pL\right)$$

expression, qui donne la charge P, si l'on suppose
d connu, ou inversement : si P est déterminé d'a-
vance.

La charge P serait nulle si :

$$800000 = pL \text{ ou si } L = \frac{8000000}{p} = 1030$$

Cette équation détermine la longueur limite des
tiges en fer que l'on peut employer avec sécurité,
en leur supposant toutefois une épaisseur uni-
forme.

On sera obligé, quand on aura à descendre à des
profondeurs plus considérables, telles que celle du
puits de Grenelle, d'augmenter les dimensions de
ces tiges sur la partie supérieure, c'est-à-dire de
leur donner une forme conique.

CHAPITRE IV.

EFFORTS DE FLEXION.

SOLIDE ENCASTRÉ A L'UNE DE SES EXTRÉMITÉS ET CHARGÉ A L'AUTRE.

Si nous supposons un solide prismatique ou cylindrique encastré vers l'une de ses extrémités et chargé à l'autre d'un poids P agissant perpendiculairement à sa longueur, ce solide fléchira et la rupture tendra à se faire dans la section d'encastrement par rapport à laquelle le bras de levier de P est le plus considérable.

L'expérience montre que, dans cette section de

rupture, les fibres supérieures s'allongent, tandis qu'elles se compriment dans la partie inférieure; il existe donc dans l'intérieur une fibre invariable qui ne s'allonge ni se raccourcit; l'observation et la théorie ont prouvé que la fibre invariable est au centre de gravité de la section de rupture.

Partant de ce que les allongements et compressions des fibres supérieures et inférieures sont proportionnel à leurs distances respectives à la fibre invariable, le calcul mène facilement à la relation :

$$PL = \frac{RI}{h}$$

dans laquelle

L est la longueur du solide, mesurée à partir de la section d'encastrement.

R la charge limite soit de traction, soit de compression (qui sont à peu près égales), qu'on peut faire supporter, en toute sécurité, au corps par unité de surface.

h la distance de la fibre invariable aux points de la section d'encastrement qui en est la plus éloignée.

I le moment d'inertie de la section d'encastrement par rapport à la ligne des fibres invariables (1).

(1) On peut facilement démontrer cette formule, voici comment :

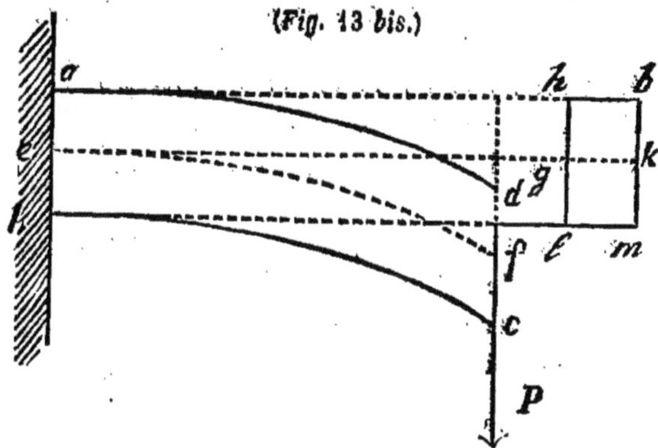

(Fig. 13 bis.)

Supposons une pièce horizontale de longueur L encastrée par l'une de ses extrémités et une force P agissant à son extrémité libre ; elle fléchira, les fibres placées à la surface supérieure s'allongeront, celles qui sont placées à la surface inférieure se raccourciront, il existera donc dans l'intérieur des fibres qui seront invariables.

Admettons que les résistances opposées par les fibres soient proportionnelles aux allongements et aux raccourcissements qu'elles éprouvent, comme ces allongements ou raccourcissements sont d'autant plus grands que les fibres sont plus éloignées des fibres invariables, il est clair que les résistances sont proportionnelles aux distances des fibres aux fibres invariables. On suppose encore que les résistances sont proportionnelles à la section des fibres, ainsi la résistance que chaque fibre d'une section $a\,b\,c\,d$ de la pièce qui a fléchi sous

L'application de cette formule supposant connues les valeurs de I dont la détermination consti-

l'action de P est proportionnelle à sa section et à sa distance
à la fibre invariable ef.

Sous l'action de la force P, la rupture se fera dans la section encastrée, c'est-à-dire en ab, cette section représentée
par $hilm$ tournera autour de gk qui est la trace du plan des
fibres invariables ; établissons donc l'équation d'équilibre relativement à cette ligne et occupons-nous d'une seule section
$abcd$,

Soient : S, la section de la fibre ad la plus éloignée de la
fibre invariable ef.

h, sa distance à cette fibre.

R, le coefficient de résistance à la flexion.

SR ou $\dfrac{SR}{h}h$ sera la résistance opposée par la fibre ad et

$SR\dfrac{h^2}{h}$ sera le moment de cette résistance par rapport à la
fibre ef.

Pour une autre fibre plus rapprochée de ef et qui en serait
à une distance h, le coefficient de résistance serait d'après ce
qui précède $\dfrac{Rh_1}{h}$ et le moment de la résistance serait $\dfrac{S_1R}{h}h^2$,
et ainsi de suite.

On aura donc pour la somme des moments de résistance :

$$\frac{R}{d'}\left\{ Sh^2+S_1h_1^2+S_2h_2^2+\;\underline{}\;\right\}$$

Il en serait de même pour les fibres placées au-dessous de
ef, seulement R serait pour celles-ci le coefficient de résistance par compression.

tue l'une des applications de l'analyse transcendante nous allons simplement les indiquer ici.

Le tableau suivant comprendra dans une première colonne l'indication de la forme supposée au solide.

Dans la deuxième colonne, sera un croquis destiné à faciliter l'intelligence de cette forme.

Dans la troisième colonne, la valeur de I.

Dans la quatrième, la valeur de P à adopter pour la forme supposée.

Remarquons que la somme de tous ces produits,

$$Sh^2 + S_1h_1 + S_2h_2{}^2 + \underline{\qquad}$$

est le moment d'inertie de la section $hilm$ par rapport à la fibre invariable ; en le désignant par I, nous aurons l'équation d'équilibre :

$$Ph = \frac{RI}{h}$$

INDICATION GÉNÉRALe de la forme	CROQUIS	VALEUR DE I	FORME de l'équation $PL = \dfrac{R\,I}{h}$ après la subtitution de L en valeur de I
SECTION rectangulaire	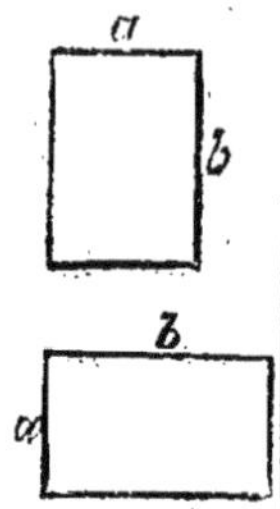	$I = \dfrac{ab^3}{12}$	$PL = \dfrac{R\,ab^2}{6}$ car $h \quad \dfrac{b}{2}$
SECTION CARRÉE à côté horizontal		$I = \dfrac{c^4}{12}$	$PL = \dfrac{Rc^3}{6}$ car $h = \dfrac{c}{2}$
SECTION CARRÉE à diagonale horizontale	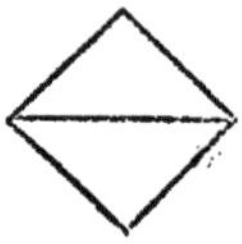	$I = \dfrac{c^4}{12}$	$PL = \dfrac{R\,c^3}{8.49}$ car $h = \dfrac{c}{\sqrt{2}}$
SECTION circulaire pleine	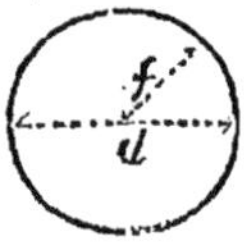	$I = \dfrac{\pi r^4}{4}$	$PL = \dfrac{R\,d^3}{10.18}$ car $h = r$
SECTION annulaire	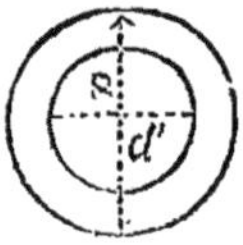	$I = \pi\,\dfrac{r^4 - r'^4}{4}$	$PL = \dfrac{\Gamma\,(d^4 - d'^4)}{10.18\,d} = \dfrac{R\,d^3}{17.25}$ si l'on suppose $d' = \dfrac{4}{5}d$
SECTION rectangulaire creuse	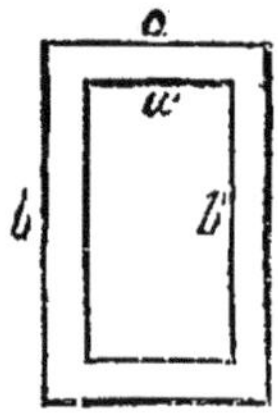	$I = \dfrac{ab^3 - a'b'^3}{12}$	$PL = \dfrac{R}{6}\,\dfrac{ab^3 - ab'^3}{b}$ et si $a' = \dfrac{4}{5}$ $a' = \dfrac{4}{5}b$ $PL = \dfrac{R\,ab^2}{10.18}$
SECTION à double T		$I = \dfrac{ab^3 - 2a'b'^3}{12}$	$PL = \dfrac{ab^3 - 2a'b'^3}{b}$ et si $a' = \dfrac{a}{3}$ $b' = \dfrac{4}{5}b$ $PL = \dfrac{R\,ab^2}{9.1}$

L'examen de ces formules montre :

1° Que les pièces rectangulaires placées de champ supportent des charges plus grandes que celles mises à plat ;

2° La résistance du carré est plus grande quand sa diagonale est horizontale ;

3° Les pièces à section évidée sont beaucoup plus avantageuses que celles dont la section est pleine.

L'expérience a fait adopter pour R les valeurs suivantes :

Fonte.	7.500000	et dans le cas d'excellents matériaux	10.000000
Fer.	6.000000	....	8.000000
Acier (1re qualité)	16.000000	....	22.000000
Acier ordinaire.	12.500000	....	16.600000
Chêne ou sapin.	600000	....	800000

La valeur de R suppose qu'on prend le mètre carré pour unité de surface et que les supports ne sont exposés ni à des chocs ni à des vibrations répétées.

En substituant R dans les formules relatives aux formes diverses des supports, on obtient les équations contenues dans le tableau suivant :

				et si les matériaux sont excellents
Section rectangulaire ou carrée	Fonte pour matériaux ordinaires	ab^2 ou c^3	$= \dfrac{PL}{1250000}$	$\dfrac{PL}{1670000}$
	Fer		$= \dfrac{PL}{1000000}$	$\dfrac{PL}{1330000}$
	Chêne ou sapin		$= \dfrac{PL}{400000}$	$\dfrac{PL}{133000}$
Section circulaire	Fonte	d^3	$= \dfrac{PL}{736000}$	$\dfrac{PL}{981000}$
	Fer	d^3	$= \dfrac{PL}{589000}$	$\dfrac{PL}{785000}$
	Chêne ou sapin	d^3	$= \dfrac{PL}{58900}$	$\dfrac{PL}{48500}$
Section rectangulaire creuse	Fonte	$\dfrac{ab^3 - a'b'^3}{b}$	$= \dfrac{PL}{1250000}$	$\dfrac{PL}{1670000}$
	Fer	$\dfrac{ab^3 - a'b'^3}{b}$	$= \dfrac{PL}{1000000}$	$\dfrac{PL}{1330000}$
	et si l'on suppose $b' = \dfrac{4}{5}b$	$a' = \dfrac{4}{5}a$		
	Fonte	ab^2	$= \dfrac{PL}{736000}$	$\dfrac{PL}{981000}$
	Fer	ab^2	$= \dfrac{PL}{589000}$	$\dfrac{PL}{785000}$
Section annulaire	Fonte	$\dfrac{d^4 - d'^4}{d}$	$= \dfrac{PL}{736000}$	$\dfrac{PL}{981000}$
	Fer	$\dfrac{d^4 - d'^4}{d}$	$= \dfrac{PL}{589000}$	$\dfrac{PL}{785000}$
	et si $d' = \dfrac{4}{5}d$			
	Fonte	d^3	$= \dfrac{PL}{434700}$	$\dfrac{PL}{579900}$
	Fer	d^3	$= \dfrac{PL}{347800}$	$\dfrac{PL}{463000}$
Section à double T à têtes égales	Fonte	$\dfrac{ab^3 - 2a'b'^3}{b}$	$= \dfrac{PL}{1250000}$	$\dfrac{PL}{1670000}$
	Fer	$\dfrac{ab^3 - 2a'b'^3}{b}$	$= \dfrac{PL}{1000000}$	$\dfrac{PL}{1330000}$
	et si $a' = \dfrac{d}{3}$	$b' = \dfrac{4}{5}b$		
		ab^2	$= \dfrac{PL}{825000}$	$\dfrac{PL}{1100000}$
		$a'b^2$	$= \dfrac{PL}{660000}$	$\dfrac{PL}{880000}$

Les formules précédentes font abstraction du poids et du solide; pour en tenir compte, il faut supposer que la charge extérieure P est augmentée de $\frac{\alpha}{2}$.

SOLIDES D'ÉGALE RÉSISTANCE.

On doit remarquer que si une pièce prismatique encastrée à l'une de ses extrémités et chargée à l'autre, présente des dimensions suffisantes dans la section d'encastrement, elle offre un excès de résistance dans toutes les autres parties, excès d'autant plus grand qu'on se rapproche davantage du point d'application du poids.

Il est donc naturel de donner au solide placé dans de pareilles conditions des sections qui iront en diminuant depuis le point d'encastrement jusqu'à l'extrémité et de chercher la loi qui doit régler ce décroissement.

Le problème à résoudre sera le suivant : *Trouver une figure de solide, telle que le moment de la puissance qui tend à la rompre, en un point quelconque de sa longueur, soit égal au moment de la résistance de la section de rupture correspondante à ce point.*

On peut trouver une infinité de formes qui pré—

senteraient la même résistance, mais on se borne dans la pratique aux deux suivantes qui présentent une loi fort simple : Ainsi dans une section prismatique pour laquelle l'équation d'équilibre est :

$$P\,L = \frac{Rab^2}{6}$$

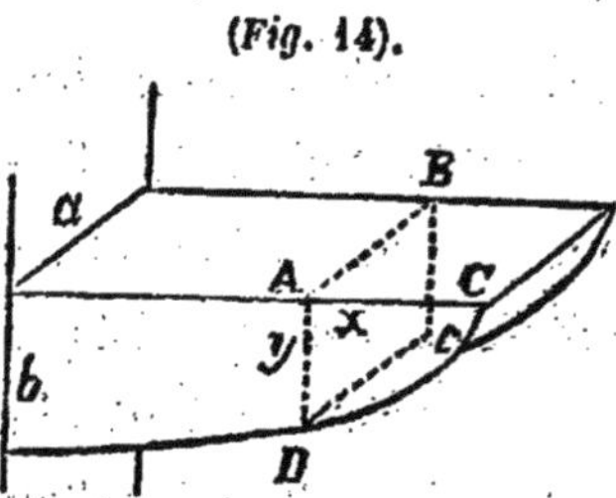

(Fig. 14).

1° On peut faire diminuer b en laissant a constant ;

2° On peut faire varier a en laissant b constant.

Première méthode. L'équation d'équilibre pour une section d'équilibre A B C D en désignant par x sa distance à l'extrémité et par y sa hauteur variable (qui était primitivement b) sera (*fig.* 14) :

$$Px = \frac{Ray^2}{6}$$

ou :

$$y^2 = \frac{6P}{Ra}$$

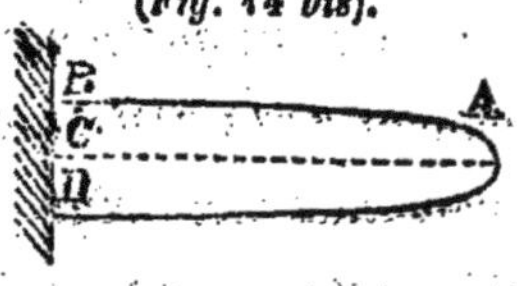

(Fig. 14 bis).

équation qui indique que le profil à adopter est déterminé par une parabole ayant son sommet en O et OX pour axe. Il est clair. (*fig* 14 *bis*) qu'on aurait encore un profil parabolique admissible en prenant $BC = CD = \frac{b}{2}$ et les paraboles A B et A D ayant pour sommet le point A d'application de la force et C A pour axe.

Deuxième méthode. L'équation d'équilibre pour une section quelconque A B C D, est (*fig*. 15) :

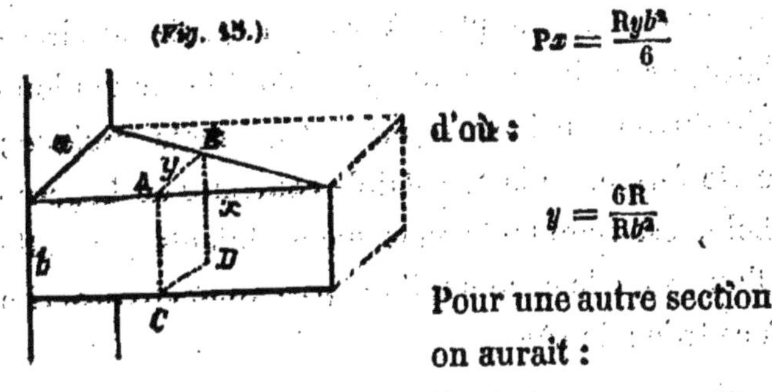

$$Px = \frac{Ryb^2}{6}$$

d'où :

$$y = \frac{6R}{Rb^2}$$

Pour une autre section on aurait :

$$y' = \frac{6P}{Rb^2} x'$$

Donc $\frac{y}{y'} = \frac{x}{x'}$, c'est-à-dire, que le solide aura une forme telle que sa coupe horizontale soit triangulaire.

Ces deux formes se retrouvent dans la plupart des supports, il est cependant à remarquer que la première est la plus avantageuse; elle exige moins de matière car le volume parabolique est les 2/3 du volume du parallépipède, tandis que le volume triangulaire en est la moitié ; de plus son emploi est plus facile dans un grand nombre de cas, la forme aiguë du triangle ne saurait être admise, il serait nécessaire de la modifier, pour que l'on pût charger la pièce par son extrémité.

Si l'on cherchait de même le solide d'égale résistance pour une pièce à section carrée ou circulaire, on arriverait à une pièce dont la section longitudinale par l'axe serait une parabole cubique ; cette forme, vu la très-faible courbure de la parabole, est remplacée sans inconvénients par celle d'un tronc de cône ou d'une pyramide circonscrite à ce tronc de cône.

Nous allons indiquer, en terminant, un moyen bien simple pour tracer la courbe parabolique dans le cas de sections rectangulaires, toutes les fois que la longueur l est connue, ainsi que b.

Cette méthode est avantageuse, parce qu'elle dispense de rechercher le paramètre de la parabole.

On partage la longueur l en un certain nombre de parties égales et la hauteur b en un même nom-

(*Fig.* 16.)

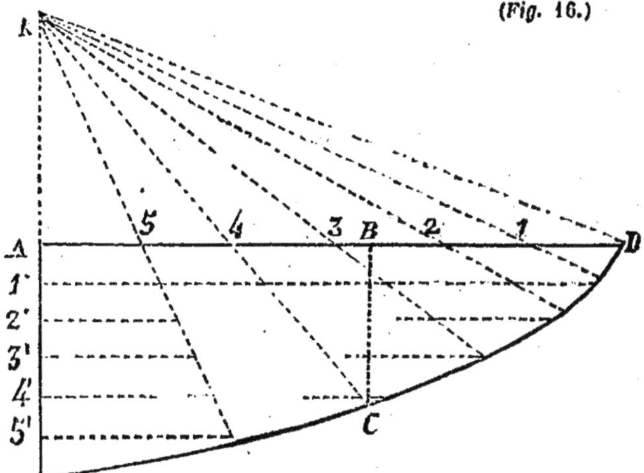

bre de parties égales entre elles (*fig.* 16).

On prendra A K $= b$ et en menant par K des lignes telles que K 0, K 1, K 2, K 3... leurs intersections respectives avec les parallèles à A 0, menées par les points 1′, 2′, 3′... donneront les points de la courbe cherchée.

Il est facile de voir que cette courbe est une parabole ; prenons le point 0 pour origine et une abscisse O B $= x$ à laquelle répondra une ordonnée B C ; les triangles K A 4, 4 B C donnent :

$$y : 4B :: b : A4$$

Or :

$$4B = O4 - x$$
$$A4 = l - O4$$

donc :

$$y : 04 - x \cdot : b : l - 04$$

Par construction les parties correspondantes $0\,4$ — x et $l - 0\,4$ des longueurs b et l sont porportionnelles à ces mêmes longueurs.

Donc :

$$y : b :: 04 : l$$

d'où :

$$04 = \frac{yl}{b}$$

et par suite :

$$y : \frac{yl}{b} - x :: b : l - \frac{yl}{b}$$

ou enfin :

$$y^2 = \frac{b^2 x}{b}$$

équation d'une parabole rapportée à son sommet.

SOLIDE POSÉ LIBREMENT SUR DEUX APPUIS.

Si la charge agit sur le milieu K de la longueur, la barre tendant à se rompre en K, la résistance es[t]

la même que si le solide était encastré à ce point et
chargé à ses extrémités d'un poids égal à $\frac{P}{2}$.

L'équation d'équilibre sera donc, en général :

$$\frac{P}{2}\,\frac{L}{2} = \frac{Rl}{h}$$

ou :

$$\frac{P\,L}{4} = \frac{Rl}{h}$$

Le solide, placé dans ces circonstances, résiste
donc à un poids quatre fois plus grand que dans le
cas précédent.

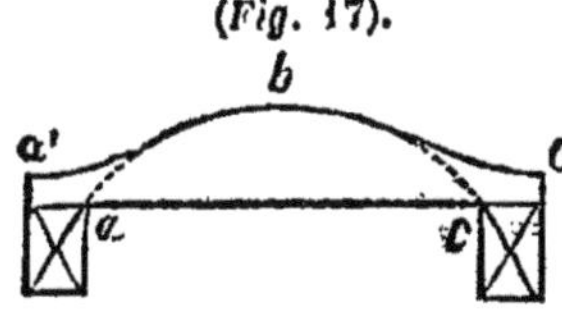

(*Fig.* 17).

La courbe *a b c* indi-
querait le profil parabo-
lique d'égale résistance
à adopter pour un solide
à section rectangulaire ; on prendra dans la pratique le profil *a' b' c'* (*fig.* 17).

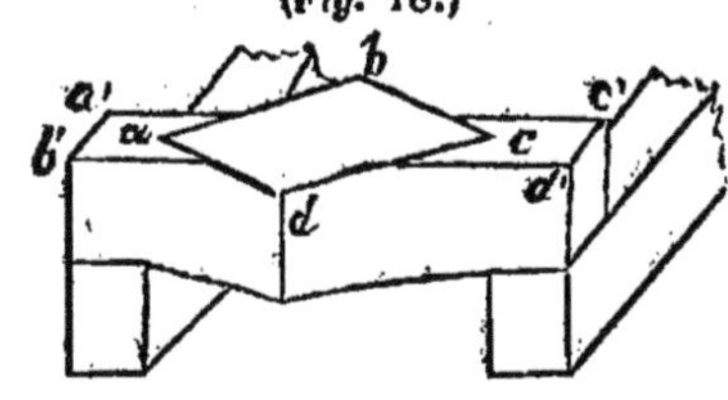

(*Fig.* 18.)

Si l'on admettait
la seconde solution,
on arriverait théori-
quement à donner
en plan le contour
a b c d que l'on devrait renforcer à ses extrémités,
en adoptant *a' b' d d' c' b* (*fig.* 18).

Si la charge agit en un point K situé à des distances l et l' des deux extrémités, ce sera encore en K que tendra à se produire la rupture et l'équation d'équilibre sera :

$$\frac{P l l'}{L} = \frac{R I}{h}$$

Supposons que la charge se répartisse par moitié en deux points placés l'un à des distances l et l', et l'autre à des distances d et d' des extrémités.

L'équation d'équilibre sera pour le premier :

$$\frac{P}{2} \frac{l}{L} \left(l' + d \right) = \frac{R I}{h}$$

pour le deuxième :

$$\frac{P}{2} \frac{d}{L} \left(l + d' \right) = \frac{R I}{h}$$

Il est clair que celui des deux points d'application qui est le plus éloigné de l'extrémité contiguë doit présenter plus de résistance que l'autre; dans le cas d'une pièce en fonte, on pourra donner deux sections différentes aux deux points d'application, mais si la pièce est en bois on lui donnera sur toute son étendue la plus grande des deux sections fournies par le calcul.

Après ce que nous avons dit sur les solides d'égale résistance, on trouvera facilement la forme qu'ils doivent avoir dans les deux derniers cas examinés.

SOLIDE ENCASTRÉ D'UN COTÉ ET REPOSANT DE L'AUTRE SUR UN APPUI.

Si la charge agit sur le milieu de sa longueur, l'expérience prouve que le solide tend à se rompre dans la section d'encastrement en même temps qu'au point d'application de la charge.

La charge P agit donc comme si elle se répartissait sur deux barres de même dimension que le solide, dont la première de longueur $\frac{L}{2}$ serait encastrée à l'une de ses extrémités et chargée à l'autre, et dont la seconde de longueur L poserait par ses deux extrémités et serait chargée en son milieu.

On aura donc en désignant p et p' les points répartis respectivement sur ces deux solides :

$$\frac{pL}{2} = \frac{RI}{h} \quad \text{ou } pL = 2\,\frac{RI}{h}$$
$$\frac{p'L}{4} = \frac{RI}{h} \quad \text{ou } p'L = 4\,\frac{RI}{h}$$

Et en ajoutant :

$$PL = 6\,\frac{RI}{h}$$

En supposant que la charge agisse en un point

quelconque situé à des distances l' et l' des extrémités, on trouverait en raisonnant de même :

$$Pll' = \left(L + l' \right) \frac{RI}{h}$$

Le profil théorique du solide d'égale résistance à
profil parabolique serait, dans ce cas : A K pour
l'effet relatif au premier solide et A' K' B pour celui

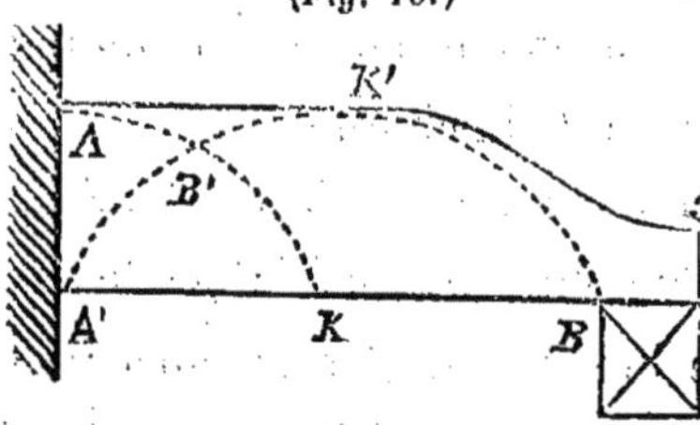

(Fig. 19.)

qui est relatif au
deuxième, par sui-
te le profil théo-
rique définitif se-
rait A B' K' B; on
adopterait en pra-
tique A K' C (*fig.* 91).

On aurait de même le profil d'égale résistance

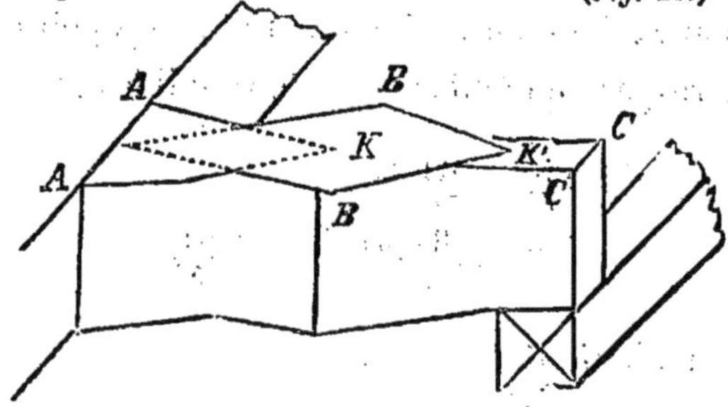

(Fig. 20.)

A A BB CC en adoptant la forme triangulaire
(*fig.* 20).

SOLIDE ENCASTRÉ PAR SES DEUX EXTRÉMITÉS.

Examinons d'abord le cas où la charge agit sur le milieu ; l'expérience montre encore qu'il y aura rupture à la fois au point d'application de la charge et dans les deux sections d'encastrement.

Il résulte de là que l'action de P est la même que si elle était répartie sur trois barres, de même dimension que le solide, dont la première de longueur L reposerait librement à ses extrémités sur des appuis, et dont les deux autres auraient une longueur $\frac{L}{2}$ et seraient encastrées à l'une des extrémités et chargées à l'autre.

Si donc p, p' p'', sont les charges réparties respectivement sur les trois barres, on aura :

pour la première,

$$\frac{pL}{4} = \frac{RI}{h}$$

pour la deuxième,

$$\frac{p'L}{2} = \frac{RI}{h}$$

pour la troisième,

$$\frac{p''L}{2} = \frac{RI}{h}$$

Et en ajoutant :

$$\frac{PL}{8} = \frac{RI}{h}$$

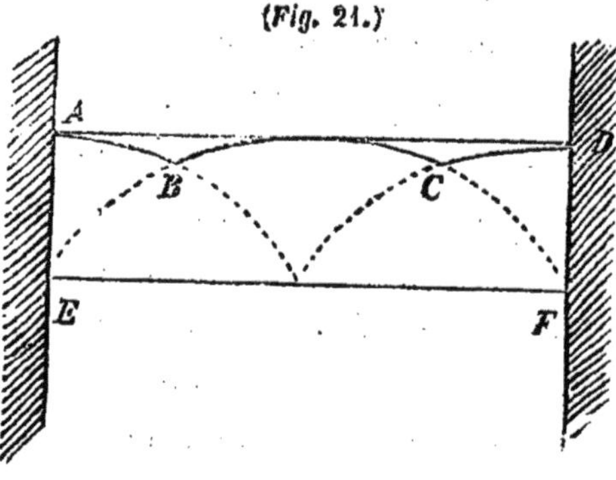

(*Fig. 24.*)

La forme du solide de résistance est encore bien facile à trouver, et l'on arrive à un profil parabolique qui diffère tellement peu du rectangle que dans ce cas sa recherche est inutile ; il est facile de voir que le profil à prendre serait alors A B C D F E (*fig.* 24).

CHAPITRE V.

Application des notions relatives aux efforts de flexion à la recherche des dimensions des divers organes des machines.

BRAS DES ROUES HYDRAULIQUES.

Les bras de roues hydrauliques sont des solides encastrés d'un côté dans l'arbre ou dans le manchon fixé sur l'arbre, et soumis à leur extrémité à un effort perpendiculaire à leur longueur qui tend à les faire fléchir.

Pour régler leurs dimensions, on devra calculer la charge qu'ils supportent par la méthode suivante.

C étant le poids de la couronne, n le nombre de systèmes de bras et N le nombre de bras dans un système, chaque bras supportera un poids $\frac{C}{Nn}$; de plus l'effort P de l'eau agissant successivement sur

les bras homologues des divers systèmes, on admettra, dans l'ignorance où l'on est de la loi de
transmission de ces forces, que ces bras supportent
seuls cette pression; dès lors un bras aura à résister
à une charge qui sera approximativement $\frac{C}{nN} + \frac{P}{n}$,
en négligeant le poids des bras.

(*Fig.* 22.)   Les bras sont tantôt en bois tantôt
en fonte.

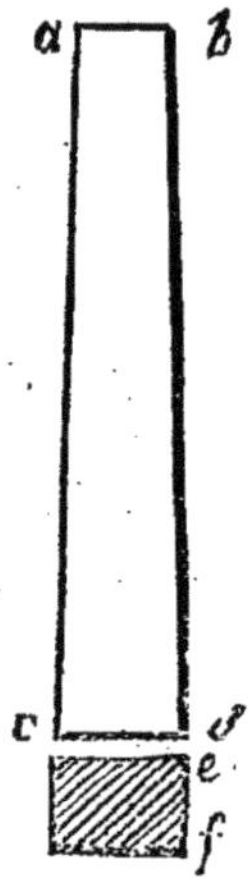

Les bras en bois (*fig.* 22) ont une section rectangulaire, l'épaisseur du solide
comptée dans le plan perpendiculaire au
mouvement est constante, tandis que
le profil considéré dans le plan du
mouvement est formé par deux lignes
droites convergentes vers la couronne;
la dimension transversale $a\,b$, à l'extrémité des bras, est les $\frac{4}{5}$ de $c\,d$ qui a été
calculée pour l'origine, et l'épaisseur constante $e\,f$
est les $\frac{5}{7}$ de $c\,d$.

On calcule les dimensions des bras en bois par
la formule type :

$$\frac{ab^3}{c^3} \text{ ou} = \frac{Pl}{100000}$$

qui devient avec les proportions indiquées précédemment :

$$\overline{cd}^{\,3} = \frac{Ec}{71430}$$

E représente la charge

$$\frac{C}{nN} + \frac{P}{N}$$

$c \quad - \quad$ le bras de levier de cet effort.

Cette formule suppose le bras de levier c connu; comme il ne l'est véritablement que lorsque l'arbre est déterminé, on suppose, pour point de départ, des diamètres de $0^m 40$ aux arbres en bois et de $0^m 15$ aux arbres en fonte, sauf à vérifier plus tard ces dimensions et à recommencer les calculs si elles sont trop erronées.

On comprend du reste que deux ou trois tâtonnements suffiront toujours pour résoudre le problème.

Les bras en fonte ont ordinairement la forme

(*Fig.* 23.)   (*Fig.* 24.)

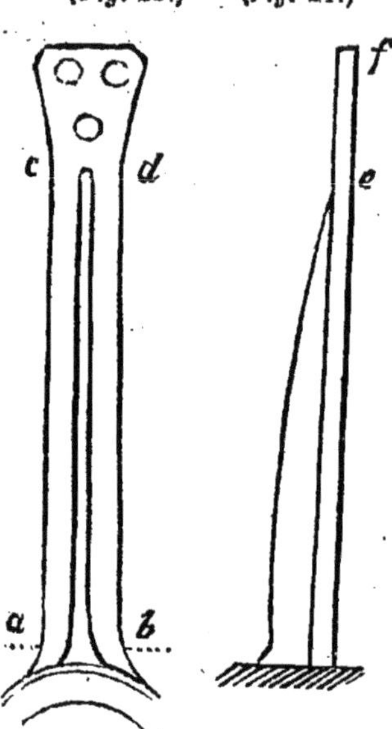

Coupe suivant ab.

(*Fig* 25).

représentée dans les *fig.* 23, 24, 25, leur profil est rectiligne dans le plan du mouvement et on les renforce par une ner-vure parabolique saillante vers l'extérieur de la roue.

La longueur ab résulte des conditions de résis-tance; $cd = \frac{4}{5} ab$, enfin $b = b'$.

$$a = a' \qquad a = \frac{1 \cdot b}{5}$$

A l'extrémité du bras est une patte ef qui sert à le fixer à la couronne.

On calcule ab par la formule :

$$\overline{ab}^3 = \frac{Ec}{500000}$$

E et c ayant la même signification que dans le cas précédent.

ARBRES DES ROUES HYDRAULIQUES.

Les arbres des roues hydrauliques sont des solides posés sur deux appuis et chargés à des distances l et l' de ces points d'appui.

On se servira donc de la formule générale :

$$\frac{P l l'}{4} = \frac{R I}{h}$$

qui, dans le cas d'une section circulaire pleine, devient :

$$\frac{P l l'}{4} = \frac{R \pi d^3}{32}$$

Les arbres des roues hydrauliques ne devant jamais éprouver que de très-faibles flexions, on adoptera pour R la moitié seulement de sa valeur ordinaire.

On fera donc :

$$
\begin{aligned}
R &= 3.750000 \quad \text{pour la fonte} \\
&= 3.000000 \quad \text{pour le fer} \\
&= 300000 \quad \text{pour le bois}
\end{aligned}
$$

Si l'arbre au lieu d'être rond était polygonal, on prendrait pour I le moment d'inertie du cercle inscrit.

Les arbres des roues hydrauliques sont quelquefois pleins et renforcés par des nervures, d'autres fois ils sont creux.

Dans ces divers cas on adoptera les formules suivantes :

(Fig. 26.)

Pour noyau carré plein renforcé par des nervures.

(Fig. 26)

$$e = \frac{1}{3}\,d \qquad b = 3\,d$$

$$d^3 = \frac{P\,ll'}{4059000}$$

d étant le côté du carré de l'arbre,

P la charge agissant à des distances l et l' des extrémités,

$2\,c$ la longueur totale l et l' de l'arbre,

c l'épaisseur de la nervure,

b la largeur totale (nervures comprises).

(Fig. 27.)

Pour noyau cylindrique renforcé par des nervures.

(Fig. 27)

$$e = \frac{1}{5}\,d \qquad b = 3\,d$$

$$d^3 = \frac{P\,ll'}{3885000}$$

Cette formule suppose les notations précédentes, elle servira à déterminer la section du milieu de l'arbre ; les parties extrêmes sur lesquelles s'appuient les couronnes seraient déterminées d'après

la première formule et on les raccordera avec la
section centrale par une partie pyramidale et des
arrondissements convenables.

Pour un arbre circulaire creux : $d^3 - d'^3 = \dfrac{P\,ll'}{368000}$

d est le diamètre extérieur ;
d' — intérieur.

Il est convenable d'adopter $d' = \frac{1}{2}\,d$ et alors la
formule précédente devient :

$$d^3 = \frac{P\,ll'}{288512}$$

Il est bien entendu que les dimensions obtenues
permettent à l'arbre de résister seulement aux efforts de flexion considérés isolément. Ces arbres
étant de plus soumis à des efforts de torsion, il n'est
pas sûr que l'on ait ainsi les dimensions définitives.
(*Voyez le chapitre de la torsion.*)

BALANCIER DES MACHINES A VAPEUR (*fig.* 28, 29.)

Le balancier d'une machine à vapeur est un
solide à section rectangulaire appuyé par son milieu et chargé à ses deux extrémités.

On devra donc déterminer sa hauteur au milieu

et lui donner la forme du solide d'égale résistance afin qu'il soit le moins lourd possible. On portera à cet effet la demi-hauteur trouvée au-dessus et au-dessous du point d'appui, et on tracera le profil parabolique ainsi qu'il a été indiqué précédemment.

(*Fig.* 28.)

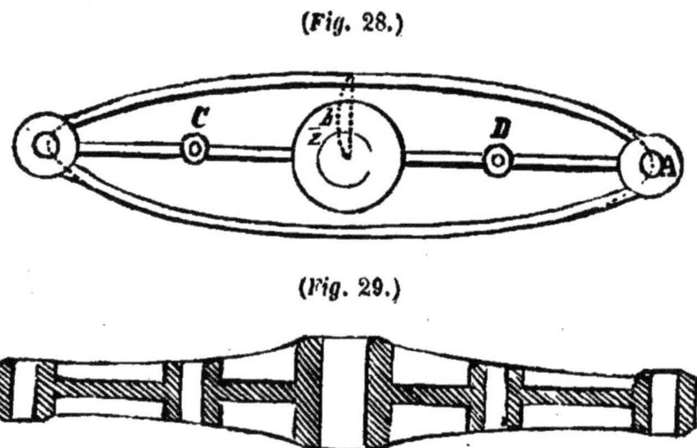

(*Fig.* 29.)

Le sommet de la courbe étant le point d'attache de l'effort, il faut toutefois modifier le tracé.

En A, où doit être ajusté un tourillon, on tracera d'abord un cercle de rayon égal à celui de ce tourillon et ensuite un second cercle pour limiter l'épaisseur de métal qui est destinée à soutenir le tourillon, épaisseur qui sera en général comprise entre 1, 8 et 2 fois le diamètre du premier cercle.

Enfin on raccordera la parabole et le cercle extérieur par une courbe qui leur sera tangente. Le balancier doit aussi être percé en son centre de figure pour recevoir l'arbre par lequel il sera porté ; ce vide affaiblira le centre du moyeu, on le consolidera en donnant au métal une épaisseur analogue à celle dont il a été question précédemment. Il en sera de même pour les vides C et D où seront articulées les tiges des pompes.

L'épaisseur constante du balancier a est prise ordinairement égale à $\frac{1}{15}$ de la hauteur, cette épaisseur est coupée dans la *fig.* (29) ; dans les parties supérieures et inférieures l'épaisseur augmente, elle est déterminée par les longueurs des moyeux correspondants aux divers vides pratiqués dans cette pièce.

La longueur de tous ces moyeux est double du diamètre du vide ; enfin les balanciers ne devant jamais avoir de flexion sensible on diminuera la valeur de R de la moitié, ainsi que nous l'avons fait précédemment pour les arbres des roues hydrauliques.

MANIVELLES (*fig.* 30, 31).

Les manivelles sont des pièces rectangulaires encastrées à l'une de leurs extrémités et chargées à l'autre.

(*Fig.* 30.)

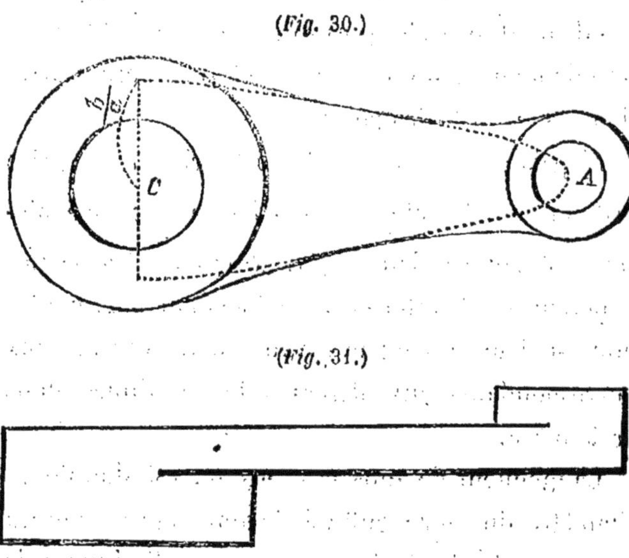

(*Fig.* 31.)

On calculera donc, par la formule connue, leur hauteur b; on portera (*fig.* 30) au-dessus et au-dessous du centre o de l'arbre, sur lequel elles sont fixées, une longueur égale à $\frac{b}{2}$ et on tracera les deux portions de la parabole.

On tracera en *o* une circonférence de rayon *d* égal à celui de l'arbre moteur et une seconde donnant une épaisseur de métal égale à $\frac{d}{2}$, on fera de même en A ; enfin on raccordera les deux courbes et on déterminera les moyeux comme dans le cas précédent.

DENTS D'ENGRENAGE (*fig.* 32).

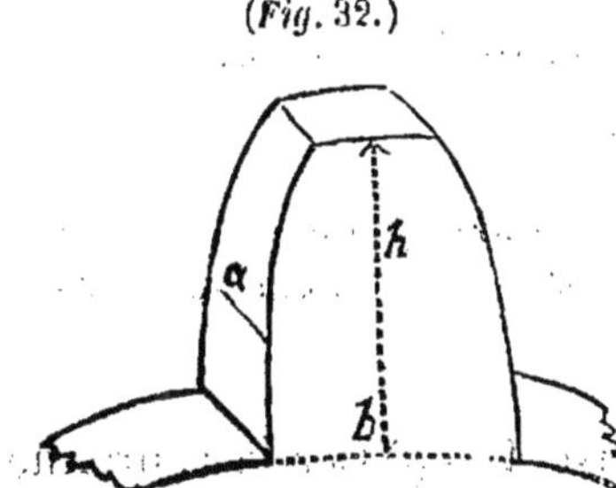

(*Fig.* 32.)

Les dimensions des dents des roues d'engrenage ne peuvent être conclues par l'application de la théorie de la flexion, à cause des chocs continuels auxquels ces dents sont soumises. Il est donc indispensable d'avoir recours à l'expérience des constructeurs.

Nous distinguerons dans une dent :

1° L'épaisseur *b*;

2° La sailli e ;

3° Sa longueur *a*.

L'épaisseur *b* est déterminée par les formules suivantes :

$$\text{Fonte.............. } b = 0.105 \sqrt{\overline{P}}$$

$$\text{Fer.............. } b = 0.074 \sqrt{\overline{P}}$$

$$\text{Bois............ } b = 0.145 \sqrt{\overline{P}}$$

$$\text{Cuivre on bronze.. } b = 0.131 \sqrt{\overline{P}}$$

P est la pression en kilogrammes exercée sur la
dent et *b* est évalué en centimètres. La saillie varie
entre 1, 2 *b* et 1, 5 *b*. Enfin,

$a = 4b$ quand la vitesse à la circonférence est inférieure à $1^m 50$
$a = 5b$ id.   id   supérieure à $1^m 50$
$a + 6b$ si les dents sont mouillées.

Les dents en bois doivent dépasser la couronne
de la roue de 20 à 25 millimètres, et être maintenues par des goupilles en gros fils de fer introduits
dans leur queue ou mieux encore par des coins.

COURONNES ET BRAS DES ROUES D'ENGRENAGE.

L'épaisseur de la couronne sera celle des dents,
pour les dents en fonte ; cette épaisseur sera dou-

ble, si les dents sont en bois afin que celles-ci soient solidement maintenues.

Les dimensions des bras seront calculées comme celle d'un solide encastré au moyeu et chargé à son extrémité. (*Voir les bras des roues hydrauliques.*)

DIMENSIONS DES MOYEUX DES ROUES D'ENGRENAGES (*fig.* 33).

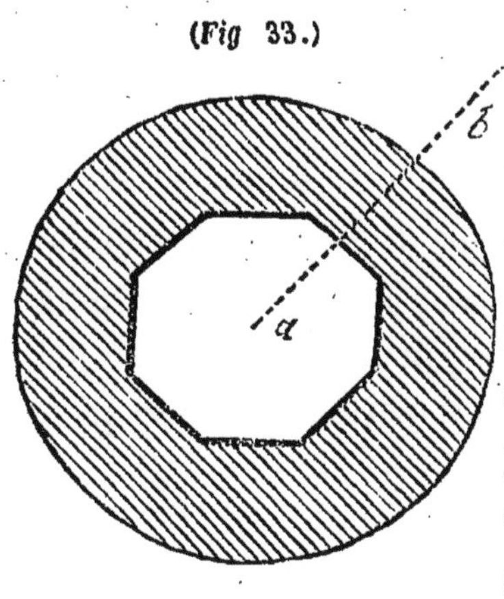

(*Fig* 33.)

L'expérience a montré que la moindre section ab du moyeu devait être 1,20 celle de la jante, et que sa longueur devait être celle de la jante augmentée de $0^m,125$ par mètre de rayon moyen.

Cette règle est applicable aux volants.

TOURILLONS DES ROUES HYDRAULIQUES ET DES ARBRES DE TRANSMISSION.

Il est clair que les tourillons des roues hydrauliques sont soumis à un effort de flexion, mais au

lieu de se servir de l'équation que l'on pourrait dé-
duire de la théorie, les praticiens ont l'habitude de
calculer leur diamètre à l'aide de la formule

$$d = K^s \sqrt{P}$$

P étant la charge sur un tourillon en kilogrammes,
K un coefficient numérique,
d le diamètre du tourillon en centimètres.

Buchanam, en examinant les diamètres des
tourillons en fonte qui avaient bien résisté, a
trouvé :

pour K les valeurs : 0.95   0.90   0.87

D'après les observations de Tredgold on aurait
pour K les valeurs : 0.85   0.81   0.78   0.71

Admettons en moyenne, pour la fonte K = 0.85.
Des observations analogues portent à prendre pour
le fer K = 0.70.

LONGUEUR DES TOURILLONS.

Il est convenable de donner aux tourillons une
longueur qui soit égale à deux fois leur diamètre.

DYNAMOMÈTRES.

Le grand rôle que jouent les dynamomètres dans

les expériences sur les machines nous engage à donner ici quelques détails sur la manière de calculer leurs dimensions.

L'organisation de cet appareil est trop connue pour qu'il soit nécessaire de la rapporter ici. (Voir à ce sujet la première partie de notre *Cours à l'Ecole d'application de l'artillerie et du génie.*) Il suffira de rappeler que le but qu'on se propose est de mesurer les forces par la flexion d'une lame de ressort.

On nomme, dans la théorie de la résistance des matériaux, *courbe élastique* ou simplement *élastique*, la courbe qu'affecte un solide soumis à l'action d'une ou de plusieurs forces qui le font fléchir sans altérer son élasticité.

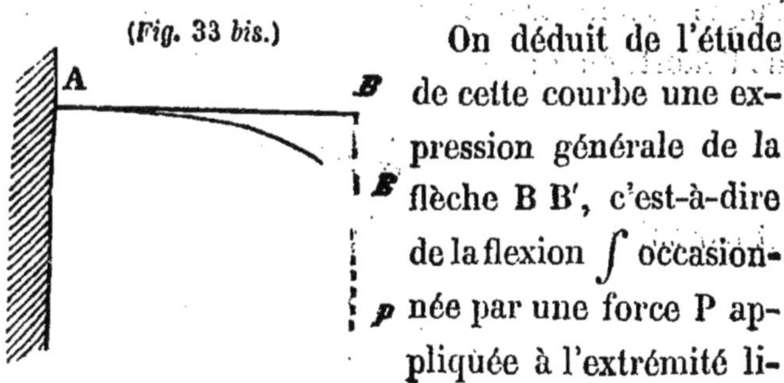

(*Fig.* 33 *bis.*)

On déduit de l'étude de cette courbe une expression générale de la flèche B B', c'est-à-dire de la flexion f occasionnée par une force P appliquée à l'extrémité libre d'une barre élastique encastrée à son autre extrémité, (*fig.* 33 *bis*).

En désignant par :

C le bras de levier de l'effort,

I le moment d'inertie de la section transversale
du solide,

E le coefficient d'élasticité de la matière dont est
formée la barre,

on a en général :

$$f = \frac{1}{3}\ \frac{Pc3}{EI}$$

Cette formule, que l'on déduit de la théorie, a
été vérifiée expérimentalement, on peut dès lors
dans ces leçons, où notre but est de s'affranchir le
plus possible de calculs assez difficiles, la considérer comme empirique.

Dans le cas particulier où le solide sera un rectangle de largeur a et d'une épaisseur b dans le sens
de l'effort, on a :

$$T = \frac{1}{12}\ ab^3$$

et par suite :

$$f = \frac{4\ Pc^3}{E\ ab^3}$$

formule qui montre que la flexion d'une lame de
ressort rectangulaire sera :

1° Proportionnelle à l'effort P, par suite elle pourra le mesurer quand l'instrument sera tracé ;

2° Proportionnelle au cube c^e du bras de levier de l'effort ;

3° En raison inverse du coefficient E d'élasticité, de la largeur a et du cube de l'épaisseur b.

Par le calcul ou par l'expérience, on voit qu'en donnant à la lame la forme du solide d'égale résistance, on obtient en flexion :

$$\int = \frac{8\,P\,c\,3}{E\,ab^3}$$

c'est-à-dire double ; cette forme devra donc être employée de préférence, elle donnera à l'instrument une plus grande sensibilité.

Cette formule nous servira à construire les dynamomètres ou du moins à calculer les dimensions que doivent avoir les lames. Chaque instrument sera pourvu d'un jeu de lames, les mêmes ne pourraient servir pour mesurer les divers efforts, parce qu'une lame assez forte donnerait pour de faibles forces des flexions presque insensibles, et aussi parce que de faibles lames donneraient pour de grandes forces des flexions tellement fortes que la limite de l'élasticité serait dépassée et les indications de l'instrument deviendraient fausses ; on a reconnu que les flexions d'une lame ne doivent jamais dépasser, en pratique, $\frac{1}{10}$ de la longueur c.

D'après cela, on se donnera l'effort P auquel doit résister la lame, le bras c qu'on veut leur donner qui variera de $0^m,25$ à $0^m,50$; on fera

$$\int \frac{1}{20}\, c,\ a = 0,^m04 \text{ ou } 0,^m05$$

et on déduira b après avoir substitué la valeur de E qui, pour l'acier d'Allemagne de bonne qualité, est :

$$20\ 859\ 000\ 000 \text{ kilogrammes}$$

CHAPITRE VI.

EFFORTS DE TORSION.

—

DE LA RÉSISTANCE DES SOLIDES A LA TORSION.

Si un solide prismatique ou cylindrique encastré par une extrémité est soumis à l'action d'un système de forces agissant dans un plan perpendiculaire à l'axe du solide et tendant à le tordre, les fibres de ce solide tourneront autour de la fibre placée dans l'axe, et celle-ci seule sera invariable de forme et de position.

La section encastrée restant fixe, si la section extrême où sont appliquées les forces a tourné d'un angle fixe α, cet angle, désigné sous le nom d'angle de torsion, sera uniformément réparti sur la longueur totale l du solide, de telle manière que le déplacement relatif de deux sections transversales sera proportionnel à $\frac{\alpha}{l}$.

L'expérience montre que pour des torsions qui ne dépassent pas la limite d'élasticité du solide, l'angle de torsion croît proportionnellement au moment des forces appliquées par rapport à l'axe du solide, et comme la résistance à la torsion doit faire équilibre au système des forces qui produisent la torsion, on en conclut que :

La résistance à la torsion est proportionnelle au déplacement angulaire de deux sections infiniment voisines.

La résistance de chaque fibre est aussi (il paraît naturelle de l'admettre) proportionnelle à sa section transversale *ds*.

Il suit de là qu'en désignant par :

ds   la section transversale d'une fibre,

α l'angle de torsion,

l la longueur du solide,

r la distance de la fibre considérée à l'axe invariable,

K   un coefficient numérique,

P   la force qui agit à l'extrémité du solide pour opérer la torsion,

R   le bras de levier de la force P,

on a l'équation d'équilibre :

$$PR = \int K \frac{r^2 a}{l} \, ds$$

car la résistance de la fibre considérée sera $K \frac{r\alpha \, ds}{l}$, son moment $K \frac{r^2\alpha \, ds}{l}$, et pour toutes les fibres le moment de la résistance sera $\int K \frac{r^2\alpha \, ds}{l}$.

On conclut de là que :

$$PR = \frac{K\alpha}{l} \int r^2 \, ds$$

APPLICATION DE L'ÉQUATION GÉNÉRALE AU CAS D'UNE TIGE CYLINDRIQTE A BASE CIRCULAIRE.

Soit r' le rayon d'un cylindre soumis à la torsion, supposons la section transversale décomposée en une infinité de zones annulaires limitées par des circonférences concentriques, toutes les fibres aboutissant à une même zone seront à égale distance de la fibre invariable; dès lors r étant la distance d'une zone à cette fibre, $2\pi r \, dr$ sera la surface et représentera la somme de toutes les sections des fibres qui correspondent à celle zone et la section de toutes les fibres du cylindre sera :

$$\int K \frac{r^2 a}{l} ds$$

On aura donc :

$$PR = \frac{Ka}{l} \int_0^{r'} 2 \pi r dr$$

ou

$$PR = \frac{Ka}{l} \quad \frac{\pi r'^4}{2}$$

Des expériences de M. Duleau sur des fers ronds de diverses provenances, on conclut que la valeur moyenne du coefficient K serait de 115 410 000,

RÉSISTANCE A LA RUPTURE PAR TORSION.

Il vient un moment où l'écartement relatif des fibres soumises aux efforts de torsion ne peut plus augmenter, alors se produit une rupture qui commence évidemment par les fibres superficielles. En désignant par K la plus grande résistance à la torsion, c'est-à-dire celle qui a lieu au moment où il y a la rupture, $\frac{K r}{r'} ds$ sera la résistance de la fibre superficielle et l'on aura pour le moment des forces occasionnant la rupture :

$$PR = \int \frac{K\,r^2}{r'}\,ds = \frac{K'}{r'} \int r^2\,ds$$

Les expressions des moments des forces, qui représentent la résistance à la torsion, et de la résistance à la rupture, diffèrent donc en ce que $\frac{K}{l}\,a$ est remplacé par $\frac{K'}{r'}$.

APPLICATION AU CAS D'UNE TIGE CYLINDRIQUE A BASE CIRCULAIRE.

D'après ce qui précède, le moment de la résistance à la rupture pour une tige cylindrique à base circulaire de rayon r', sera :

$$PR = \frac{K' \times \pi r'^3}{2}$$

Le coefficient K' sera déterminé par l'expérience.

FORMULES PRATIQUES.

Les expériences de la Société industrielle de Mulhouse, ainsi que celles qui ont été faites dans plusieurs usines de l'artillerie, prouvent que l'on peut se servir avec sécurité de la formule

$$PR = \frac{d^3}{2629000}$$

pour arbres en fonte cylindriques et marchant à grande vitesse.

Le tableau suivant, extrait du Cours de résistance des matériaux, de M. le général d'artillerie Morin, servira du reste à trouver les dimensions des solides soumis aux efforts de torsion.

FORME de la section transversale	MATIÈRE dont le solide est formé	FORMULES A EMPLOYER	
		pour arbres allégis	pour arbres forts
Carrée.........	Fer ou acier.	$b^3 = \dfrac{PR}{943280}$	$b^3 = \dfrac{PR}{471640}$
	Fonte.......	$b^3 = \dfrac{PR}{314420}$	$b^3 = \dfrac{PR}{157240}$
	Chêne......	$b^3 = \dfrac{PR}{62697}$	$b^3 = \dfrac{PR}{31348}$
	Sapin.......	$b^3 = \dfrac{PR}{68073}$	$b^3 = \dfrac{PR}{34036}$
Circulaire pleine.	Fer ou acier.	$d^3 = \dfrac{PR}{785880}$	$d^3 = \dfrac{PR}{392940}$
	Fonte.......	$d^3 = \dfrac{PR}{262000}$	$d^3 = \dfrac{PR}{131450}$
	Chêne	$d^3 = \dfrac{PR}{52534}$	$d^3 = \dfrac{PR}{26177}$
	Sapin.......	$d^3 = \dfrac{PR}{56713}$	$d^3 = \dfrac{PR}{28356}$
Annulaire $d' = \frac{3}{5}d$	Fer ou acier.	$d^3 = \dfrac{PR}{684030}$	$d^3 = \dfrac{PR}{342015}$
	Fonte.......	$d^3 = \dfrac{PR}{411005}$	$d^3 = \dfrac{PR}{114005}$
	Chêne	$d^3 = \dfrac{PR}{22810}$	$d^3 = \dfrac{PR}{22732}$
	Sapin.......	$d^3 = \dfrac{PR}{48240}$	$d^3 = \dfrac{PR}{24190}$

Il faut remarquer que les formules relatives aux sections carrées ne peuvent être appliquées que pour des solides courts et encastrés de façon que leurs sections extrêmes restent sensiblement planes.

CHAPITRE VII.

EXAMEN DES PIÈCES SOUMISES DANS LES MACHINES AUX EFFORTS DE TORSION.

PIÈCES SOUMISES AUX EFFORTS DE TORSION

Les arbres qui communiquent le mouvement et leurs tourillons, tels que les arbres et tourillons de roues hydrauliques, arbres de marteaux, etc., sont soumis à des efforts de torsion.

CALCUL DE LEURS DIMENSIONS.

Ces diverses pièces sont soumises également à des efforts de flexion ; pour déterminer leurs dimensions on calcule celles qu'elles doivent avoir pour résister séparément à chaque espèce d'effort, et on leur donne les plus fortes.

ARBRES DE DIFFÉRENTES FORMES.

Les formules exposées dans le chapitre précédent permettent de résoudre la question, mais je crois utile cependant de faire connaître une autre méthode basée sur l'expérience.

Les constructeurs emploient ordinairement pour calculer les dimensions des arbres cylindriques qui transmettent le mouvement,

la formule $d^3 = \mathrm{K}\dfrac{A}{n}$ dans laquelle

A est le travail transmis par minute en kilogrammètres;

n le nombre de tours de l'arbre par minute;

K un coefficient variable avec la nature de l'arbre;

d le diamètre de l'arbre en centimètres.

Les valeurs de K sont, pour la fonte.. 1.60 ; pour le fer.... 1.03 ; pour le bois : 20 pour arbres de roues hydrauliques ; 50 pour arbres mettant en mouvement des laminoirs ; 160 pour arbres mettant en mouvement des marteaux.

Dans le cas d'arbres creux on prend la formule

$$d^3 - d'^3 = \mathrm{K}\,\frac{A}{n}$$

ou $d = 1.08\,\mathrm{K}\dfrac{A}{n}$ en faisant le diamètre intérieur égal aux trois cinquièmes de d.

Dans le cas où les arbres ne sont soumis qu'à des efforts de torsion, on a l'habitude de calculer simplement les dimensions des tourillons par la méthode précédente et on donne à l'arbre un diamètre de $\frac{1}{10}$ plus grand.

CHAPITRE VIII.

RÉSISTANCE AU CISAILLEMENT.

RÉSISTANCE DES RIVETS ET BOULONS AU CISAILLEMENT.

Les rivets qui réunissent les feuilles de tôle, les rivets d'assemblage des chaînes plates, etc., sont exposés à être rompus par un glissement transversal de leurs fibres ou par le cisaillement.

L'expérience a prouvé que :

1° La résistance au cisaillement est proportionnelle à l'aire transversale du rivet ;

2° Cette résistance est à peu près la même que celle d'une barre de fer de même rayon soumise à un effort de traction.

Ces lois découlent évidemment des nombres insérés dans le tableau suivant :

Diamètre du fer, 22 mill. 3　　　　Résistance au cisaillement par mill. carré de section.

A simple portée	1ʳᵉ barre..............	41ᵏ.09
	même barre..........	37.62
	moyenne de 4 barres....	41.09
	moyenne de 6 barres....	40.77
	Moyenne.........	40.15
A deux portées	1ʳᵉ barre..............	36.05
	2ᵉ barre..............	34.03
	3ᵉ barre..............	34.03
	4ᵉ barre..............	34.03
	5ᵉ barre..............	34.03

Dimensions du fer 21 mill. 4.

A deux portées	1ʳᵉ barre..............	35.42
	2ᵉ barre..............	35.42
	Moyenne........	34ᵏ.72

La moyenne totale donnerait $36^k 99$ pour la résistance par millimètre carré au cisaillement, tandis que la résistance par voie de traction varie de 36^k à 40^k.

De nouvelles expériences faites par MM. Gouin et Cie chargés de la reconstruction du pont de Clichy ont donné des résultats un peu différents.

Ces ingénieurs ont fait tourner de petites tringles en fer à des diamètres de 8, 10, 12 et 16 millimètres, et ont comparé la résistance au cisaillement à la résistance par traction. Ils ont trouvé les résultats suivants :

DIAMÈTRE des tringles	POIDS produisant la rupture par cent°. carré	OBSERVATIONS
8^{mill}.	3270 ^k	Moyenne de 10 expériences
10	3155	id.
12	3148	id.
16	3183	id.

Ce même fer ne se rompait par voie de traction que sous un effort de 4^k000 par centimètre carré ; on trouverait donc le rapport $\frac{4}{5}$ entre les poids produisant la rupture par cisaillement et par traction.

Il est remarquable toutefois que ce dernier résultat soit confirmé par une théorie mathématique du cisaillement, que j'extrais du cours de M. le général d'artillerie Morin, auquel M. de Saint-Venant, ingénieur des ponts-et-chaussées, a bien voulu la communiquer.

MESURE DU GLISSEMENT DES FACES OU DES LIGNES MATÉRIELLES LES UNES DEVANT LES AUTRES.

On peut facilement se rendre compte du mode de résistance des solides au glissement relatif de leurs parties et définir celui-ci mathématiquement.

(*Fig.* 34.)

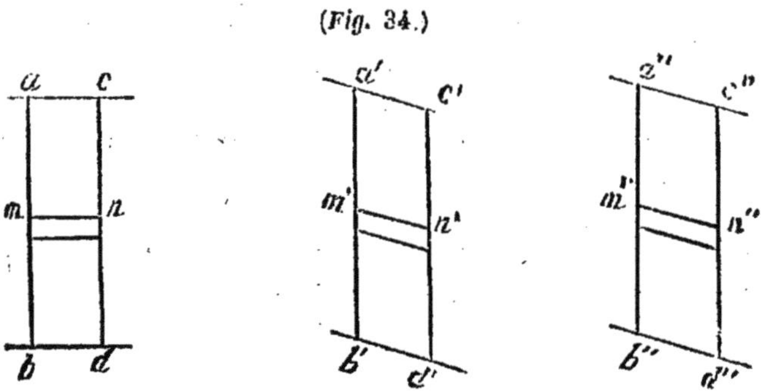

(*Fig.* 34.) Lorsque deux sections planes transversales voisines *ab*, *cd* d'une pièce solide glissent l'une devant l'autre, l'on voit, soit qu'elles restent planes en devenant $a'b'$, $c'd'$, soit qu'elles prennent une légère courbure en devenant $a''b''$, $c''d''$, que tout ou partie des fibres *m*, *n* qui leur étaient normales sont devenues légèrement obliques, ou que les fibres ont acquis une petite inclinaison sur les normales actuelles $m'n'$, $m''n''$, aux éléments de section m', m'' qui leur servent de bases.

(*Fig.* 35.)

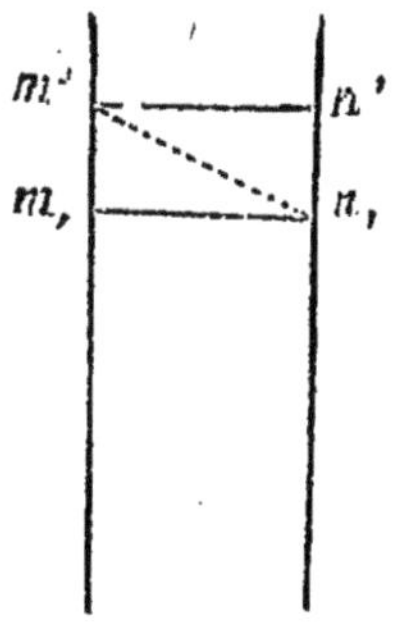

(*Fig.* 35.) C'est cette petite inclinaison qui mesure les quantités dont les sections ont glissé, l'une relativement à l'autre. Si l'on considère, par exemple, une fibre $m'n'$ après le glissement dans sa nouvelle position $m_{,}n_{,}$ et qu'on la projette sur la section $a'b'$, sa projection $m_{,}n_{,}$ sera la mesure du glissement, du déplacement qui a eu lieu dans le sens parallèle aux sections, c'est le *glissement absolu;* et si on le divise par la longueur $m'n'$ de la fibre considérée, le quotient $\frac{m'm'_{,}}{m_{,}n_{,}}$ sera le *glissement relatif*, qui aurait pour mesure l'unité de longueur comptée sur la normale puis projetée sur le plan de la section $a'b'$.

(*Fig.* 36.) L'on peut aussi considérer le glissement ou le déplacement de deux fibres parallèles $m'n'$ et $p'q'$, l'une par rapport à l'autre, dans le sens de leur longueur et il est visible que sa valeur absolue est mesurée par la projection $m'n'_{,}$, de la

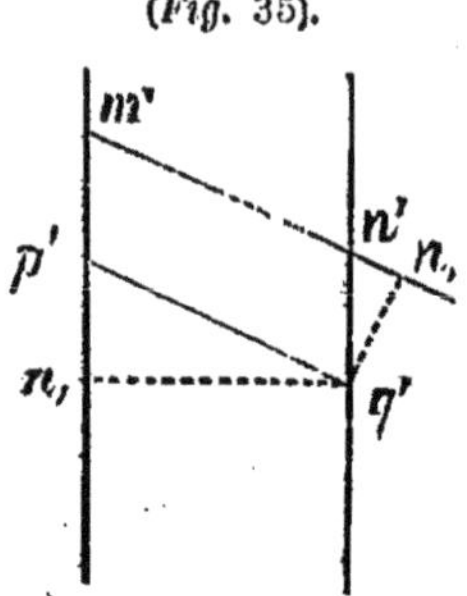

(*Fig.* 35).

distance $m'p' = n'q'$ qui leur était primitivement normale et qui les séparait, sur l'une d'elles. Le *glissement relatif* serait dans ce cas mesuré par le rapport $\frac{n'n'_1}{n'q'}$.

Ce rapport est aussi la valeur du sinus de l'angle $n'q'n'_1$, dont a été diminué celui que la ligne $n'q'$ primitivement normale aux fibres faisait avec leur direction.

Enfin les deux rapports $\frac{m'm'_1}{m'n'}$ et $\frac{n'n'_1}{n'q'}$ étant évidemment égaux, les glissements relatifs qu'ils expriment le sont aussi, et il en résulte que le glissement relatif des deux sections ne peut avoir lieu sans qu'il se produise un glissement relatif égal entre les fibres qui lui étaient perpendiculaires et qui se trouvaient dans un même plan de glissement.

La résistance au glissement peut être regardée comme une résistance à une dilatation et à une contraction simultanées, dans deux sens rectangulaires entre eux, faisant un demi-angle droit avec les faces ou les lignes glissantes (*fig.* 37).

Soient, en effet, $m\,a$ la coupe par le plan du
(*Fig.* 37). glissement d'un élément su-
perficiel d'une section, et nb
celle de l'élément correspondant d'une section pa-
rallèle et très-voisine, élément qui, par suite du glissement, est devenu r_1b_1. Dans
le mouvement, le point b s'est éloigné du point m
et le point n s'est rapproché du point a. Les deux
diagonales mb et an du petit rectangle $mabn$ seront
donc, la première, dilatée et la seconde contractée.
La proportion de la dilatation ou extension de mb
est le quotient de bo par mb, o étant le pied d'une
petite perpendiculaire b_1o abaissée de b_1 sur mb pro-
longé. Comme le petit triangle obb_1, est semblable
à mab, l'on a :

$$ob : bb_1 :: ma : mb$$

d'où

$$\frac{ob}{mb} = \frac{bb_1 \times ma}{mb^2}$$

pour la dilatation relative ou proportionnelle.

Si l'on appelle i cette dilatation proportionnelle

et g le glissement, d'après ce qui a été dit plus haut $g = \frac{bb_1}{ab}$, et nous aurons :

$$i = \frac{ob}{mb} = \frac{bb_1 + am}{mb^2} = \frac{ab + am}{mb^2}$$

La fraction qui multiplie g exprime le rapport du double de l'aire du rectangle *mabn* au carré de sa diagonale, et il est facile de voir par la figure ci-contre que ce rapport sera au maximum lorsque l'on aura *ma* = *ab* et qu'il a alors pour valeur $\frac{1}{2}$ (*), ce qui conduit pour la fibre la plus allongée à la relation

$$i = \frac{1}{2} g$$

et l'on remarquera que cette dilatation a lieu dans une direction *mb* qui forme un angle de 45° avec la face *ma*.

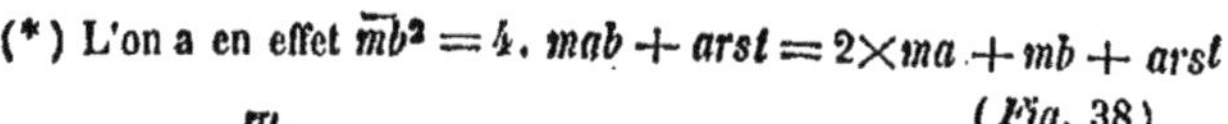

(*) L'on a en effet $\overline{mb}^2 = 4 . mab + arst = 2 \times ma + mb + arst$

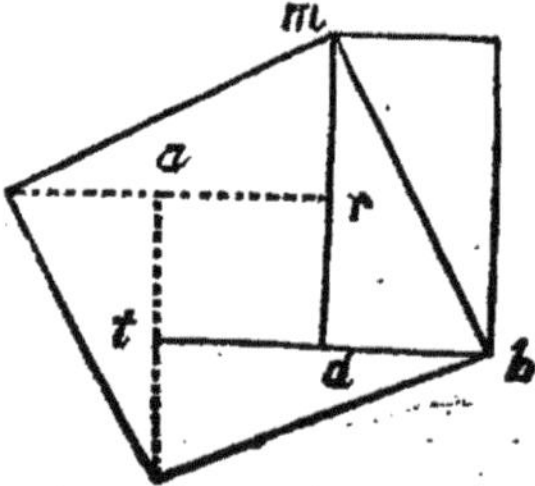

(*Fig.* 38)

d'où $\frac{ma \times mb}{mb^2} = \frac{1}{2} - \frac{arst}{2}$

et il est évident que le maximum du premier membre a lieu pour

$$arst = o$$

c'est-à-dire pour

$$ma = ab$$

L'on verrait de même que la plus grande contraction de *an*, deuxième diagonale du rectangle *mabn*, a lieu aussi pour *bm = an* et qu'elle a la même grandeur $\frac{1}{2} g$.

Un glissement sur une face ou sur sa normale équivaut donc à une dilatation et à une contraction moitié moindres, suivant des directions prises à 45° sur cette face ou sur cette ligne matérielle dans le plan du glissement.

La résistance du glissement peut être regardée comme la résistance à cette extension et à cette compression simultanées qui changent en petits losanges les petits carrés, tels que *manb*, par l'allongement d'une de leurs deux diagonales et par le raccourcissement de l'autre.

LIMITE DES GLISSEMENTS DÉDUITE DE LA LIMITE DES EXTENSIONS DANS LE SOLIDES D'ÉGALE CONTEXTURE.

Il suit de là que si l'on peut faire supporter à une pièce solide d'une manière permanente et sans danger d'incurvation et à plus forte raison de rupture même éloignée, des tractions capables de l'étendre ou de la raccourcir dans une proportion désignée par i'', et si l'on suppose la matière dont elle est formée telle que, dans tous les sens, cette limite des extensions non dangereuses soit la même que dans le sens longitudinal, l'on peut, aussi sans danger, faire glisser les uns devant les autres les éléments de ces sections ou de ces fibres de quantités dont le quotient g' par leurs distances primitives, n'excède pas une proportion durable

$$g' = 2\,i'$$

L'effort tangentiel qu'il faut déployer pour faire glisser deux éléments correspondants et égaux a de deux sections A est proportionnel à leur superficie a, au glissement relatif g et à un certain coefficient qui dépend de la matière et que nous nommerons *coefficient d'élasticité de glissement*, en sorte que G étant ce coefficient, l'on a pour l'effort capable de produire le glissement relatif g l'expression

$$G\,g\,a$$

ou par unité superficielle

$$G\,g$$

expression qui correspond a celle E i qui représente l'effort longitudinal qui étend dans une proportion i une fibre dont E est le coefficient d'élasticité d'extension.

Diverses considérations théoriques ont fait regarder depuis longtemps le coefficient E, dans les solides d'égale contexture en tous sens, par la relation

$$G = \frac{2}{5} E$$

et les expériences sur la torsion n'y contredisent nullement puisqu'elles ont donné en moyenne $\frac{1}{3}$ E pour des matières ou cette égalité de contexture n'était qu'approché. En multipliant par la limite $g' = 2\,i$ des glissement relatifs g, l'on a

$$G i' = \frac{4}{5} E i' = T$$

en nommant T la limite des efforts transversaux auxquels on peut soumettre avec sécurité d'une manière permanente l'unité superficielle de la base d'une fibre.

L'on a d'ailleurs R E i' pour la limite des efforts longitudinaux, et l'on arrive ainsi à la relation trouvée par M. Navier :

$$T = \frac{4}{5} R$$

entre les limites respectives des charges permanentes auxquelles les corps peuvent être soumis par glissement ou par extension sans risquer que leur élasticité soit altérée.

L'on ne peut s'attendre sans doute à ce que cette relation, pas plus que les autres du même genre établies pour des déformations très-petites, reste exactement applicable lorsque l'on ira jusqu'à celles qui sont suivies immédiatement de rupture. Cependant les expériences de MM. Gouin et Cie ont donné précisément le rapport $\frac{4}{5}$ entre les poids produisant la rupture de petits cylindres en fer par cisaillement et par extension, car la moyenne de ceux-là a été 3,200 kil. et la moyenne de ceux-ci 4,000 kil. par centimètre carré.

RÉSISTANCE ET CHARGE PERMANENTE LORSQUE LES SECTIONS SUR LESQUELLES LE GLISSEMENT A LIEU SONT ASTREINTES A RES·· TER PLANES, (*fig.* 39.)

(*Fig.* 39.)

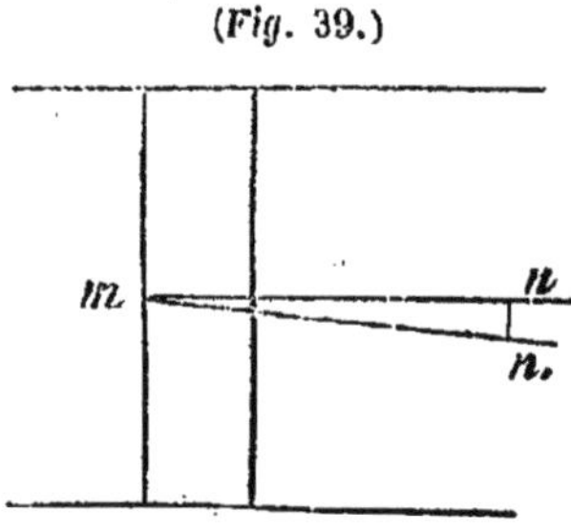

Lorsque deux sections consécutives *ab* et *cd* d'un solide restent planes en glissant l'une devant l'autre dans un certain sens, le glissement est le même pour tous leurs éléments,

d'où il suit :

1° Que l'effort P capable de produire un glissement g est égal à Gg multiplié par la surperficie de la surface A de glissement ou de section, et a pour valeur

$$P = GgA$$

en sorte que la petite inclinaison ou le glissement relatif $\frac{nn_1}{nn}$ qu'une force transversale P fait prendre aux fibres mn_1 sur les normales mn, est :

$$G = \frac{P}{GA}$$

2° Que la plus grande valeur que l'on puisse donner sans danger à cette force P, supposée agir de manière à ne pas produire autre chose que le glissement en cet endroit de la pièce, est :

$$P = TA = \frac{4}{5} RA$$

La section ab reste d'ailleurs plane, comme nous le supposons ici, lorsqu'elle est soudée, scellée ou au moins fortement serrée dans un encastrement, ou bien sollicitée parallèlement à son plan par deux forces opposées, agissant à une distance extrêmement petite, ou bien encore lorsqu'elle est sollicitée symétriquement des deux côtés, n'importe à quelle distance, de manière à n'avoir pas de raison de s'infléchir plutôt d'un côté que de l'autre.

APPENDICE.

Expériences de M. William FAIRBAIRN sur la résistance des tubes à l'écrasement.

Ce résumé rapide des lois qui doivent régler les dimensions des diverses parties des machines, était rédigé quand nous avons eu connaissance d'expériences pleines d'intérêt exécutées en Angleterre par M. William Fairbairn et entreprises dans le but de déterminer la résistance des tubes soumis à des pressions intérieures uniformément réparties sur leurs surfaces.

Ce travail a été fait à la requête de la Société Royale de Londres fortement frappée des accidents nombreux occasionés par les chaudières à foyers intérieurs. Il présente ceci de remarquable que l'ingénieur anglais y a introduit un élément nouveau négligé jusqu'à ce jour, savoir la longueur des tubes entre leurs points d'encastrement dans les fonds de la chaudière.

Nous ne détaillerons pas la marche suivie pour résoudre la question, mais nous indiquerons ici les lois et formules auxquelles ce savant ingénieur a été conduit :

1° Les pressions nécessaires pour produire l'écrasement de tubes de même longueur sont en raison inverse du diamètre de ces tubes;

2° Les pressions nécessaires pour produire l'écrasement de tubes de même diamètre sont en raison inverse de leurs longueurs;

3° En désignant par : P la pression extérieure par centimètre carré évaluée en kilog. et capable de produire l'écrasement du tube,

K l'épaisseur de la tôle du tube en millimètres,

L la longueur du tube en mètres,

D son diamètre en millimè-tres,

on a

$$P = 37.694 \, \frac{K^{2.19}}{L \; D}$$

formule dans laquelle, pour simplifier les calculs, on peut remplacer 2. 19 par 2 ;

4° Un tube revêtu d'armatures également espacées résiste comme si la longueur était celle comprise entre 2 armatures consécutives.

Le mode d'armature recommandé par M. Fairbairn consiste en deux fers à cornière accolés et rivés l'un à l'autre sur le tube. Cette armature présente plus de rigidité que les simples anneaux en fer forgé usités généralement en France.

Le comité de mécanique de la Société industrielle de Mulhouse a tiré la conséquence suivante de cette dernière loi.

L'administration française imposant aux constructeurs de calculer l'épaisseur des tubes des foyers intérieurs par la formule :

$$e = 2.7 \left(n - 1 \right) d + 4^{\text{mill.}} 5 \qquad (A$$

n étant le numéro du timbre,
d le diamètre en mètres des tubes,
e l'épaisseur en millimètres,

et de prendre une épaisseur définitive égale à 1.50 de celle qui est calculée ainsi, les constructeurs devront vérifier si cette dimension est suffisante pour la portée des tubes.

On portera donc dans la formule de M. Fairbairn, la valeur de e calculée par la formule K ; on en déduira la portée L, c'est-à-dire la distance maximum entre deux armatures.

On pourra donc ainsi fixer convenablement le nombre d'armatures, c'est-à-dire remédier à l'emploi inutile d'un trop grand nombre, comme au danger qui pourrait résulter d'un trop petit nombre.

Il faut remarquer toutefois qu'il résulte des expériences de M. Fairbairn que la pression de rupture P égale $8.4\,n + 1.033$.

Ajoutons encore que les expériences de M. Fairbairn ont confirmé un résultat indiqué depuis longtemps par l'analyse, savoir : que les tubes à section elliptique résistent moins bien à une pression extérieure que les tubes à section circulaire, et que les lois de rupture d'un tube soumis à une pression intérieure ne dépendent pas de sa longueur, idée admise depuis longtemps.

TABLE PAR ORDRE DE DENSITÉ

DES PESANTEURS SPÉCIFIQUES DES PRINCIPAUX CORPS SOLIDES.

NOMS des substances	POIDS MOYEN du mètre cube	OBSERVATIONS
Liége	240	Pour les parties en bois des roues hydrauliques on prendra toujours 1000 pour la densité du bois.
Peuplier ordinaire	383	
Sapin blanc	498	
Noyer	671	
Pommier	793	
Frêne	845	
Hêtre	852	
Buis de France	912	
Pierre ponce	915	
Chêne	925	
Acajou	1025	
Craie	1285	
Houille compacte	1329	
Ivoire	1826	
Briques	1870	
Pierre à plâtre	2168	
Maçonnerie de moellons	2240	
Grès de paveur	2415	
Pierre meulière	2484	
Marbre	2717	
Zinc fondu	7100	
Fonte de fer	7207	
Étain fondu	7291	
Fer en barre	7788	
Acier non écroui	7816	
Cuivre rouge fondu	8788	
Cuivre rouge en fil	8879	
Argent fondu	10474	
Plomb coulé	11352	
Mercure	13586	
Or pur fondu	19258	
Or pur forgé	19362	
Platine forgé	20337	
Platine laminé	22069	

TABLE DES FERS CARRÉS ET RONDS

POUR UNE LONGUEUR DE 1 MÈTRE.

DIAMÈTRES ou côtés en millimètres	FERS CARRÉS poids en kilogrammes	FERS RONDS poids en kilogrammes	DIAMÈTRES ou côtés en millimètres	FERS CARRÉS poids en kilogrammes	FERS RONDS poids en kilogrammes
1	0.0078	0.0066	31	7.495	5.872
2	0.031	0.022	32	7.985	6.248
3	0.070	0.044	33	8.494	6.668
4	0.124	0.092	34	9.016	7.060
5	0.195	0.152	35	9.555	7.488
6	0.280	0.212	36	10.108	7.920
7	0.382	0.288	37	10.678	8.364
8	0.499	0.380	38	11.263	8.820
9	0.631	0.488	39	11.863	9.300
10	0.780	0.612	40	12.480	9.788
11	0.943	0.732	41	13.111	10.276
12	1.123	0.868	42	13.759	10.776
13	1.318	1.020	43	14.422	11.300
14	1.528	1.188	44	15.100	11.836
15	1.755	1.368	45	15.795	12.384
16	1.996	1.556	46	16.504	12.936
17	2.254	1.750	47	17.230	13.504
18	2.527	1.968	48	17.971	14.089
19	2.815	2.200	49	18.727	14.680
20	3.120	2.244	50	19.500	15.292
21	3.439	2.688	55	23.595	18.502
22	3.775	2.944	60	28.080	22.024
23	4.126	3.204	65	32.955	25.842
24	4.482	3.512	70	38.220	29.968
25	4.875	3.816	75	43.875	34.412
26	5.272	4.124	80	49.920	39.160
27	5.686	4.448	85	56.355	44.202
28	6.115	4.784	90	63.180	49.556
29	6.559	5.136	95	70.395	55.218
30	7.020	5.504	100	78.000	61.459

TABLE DU POIDS D'UN MÈTRE CARRÉ

DE FEUILLES DE TOLE, EN FER LAMINÉ, CUIVRE ROUGE, PLOMB, ZINC, ÉTAIN ET ARGENT SUIVANT LES ÉPAISSEURS.

DIAMÈTRE des feuilles	POIDS de la tôle en fer	POIDS de la tôle de cuivre rouge	POIDS de la feuille de plomb	POIDS de la feuille de zinc	POIDS de la feuille d'étain	POIDS de la feuille d'argent
mill.						
$1/4$	$1^k.947$	$2^k.197$	$2^k.838$	$1^k.715$	$1^k.825$	$2^k.652$
$1/2$	3.894	4.394	5.676	3.430	3.650	5.305
1	7.788	7.788	11.352	6.861	7.300	10.610
2	15.575	17.576	22.704	13.722	14.000	21.220
3	23.364	26.364	34.056	20.583	21.900	31.830
4	31.154	35.152	45.408	27.444	29.200	41.440
5	38.940	43.940	56.760	34.305	36.500	52.050
6	46.728	52.728	68.112	40.166	43.800	62.660
7	54.516	61.516	79.464	47.027	51.100	73.270
8	62.304	70.304	90.816	53.878	58.400	83.880
9	70.092	79.092	102.168	60.749	65.700	94.990
10	77.880	87.880	113.520	67.610	73.000	105.100
11	85.668	96.668	124.872	74.741	80.300	115.710
12	92.456	105.456	136.224	81.332	87.600	126.320
13	100.234	114.244	147.576	88.193	94.900	136.930
14	109.032	123.032	158.928	95.054	102.200	147.540
15	116.820	131.820	170.280	101.915	109.500	158.150
16	124.608	140.608	181.632	108.776	116.800	168.760
17	132.396	149.396	192.984	115.637	124.100	179.370
18	140.184	158.184	204.336	122.498	131.400	189.980
19	147.072	166.972	215.688	129.359	138.700	200.590
20	155.760	175.760	227.040	136.220	146.100	211.200

TABLE DU POIDS D'UN MÈTRE COURANT

DE TUYAUX EN FONTE, VARIANT DE DIAMÈTRES ET D'ÉPAISSEURS.

DIAMÈTRE intérieur en centimètres	POIDS EN KILOGRAMMES POUR LES ÉPAISSEURS DE					
	10 mill.	11 mill.	12 mill.	13 mill.	14 mill.	15 mill.
10	24.9	27.6	30.4	33.2	36.1	39.0
12	29.4	32.6	35.8	39.1	42.4	45.8
14	33.9	37.6	41.3	45.0	48.8	52.6
16	38.4	42.5	46.7	50.9	55.1	59.4
18	43.9	47 5	52.1	56.7	61.4	66.1
20	47.5	52.5	57.1	62.6	67.7	72.9
22	52.0	57.4	63.0	68.5	74.1	79.7
24	56.5	62.4	68.4	74.4	80.4	86.5
26	61.1	67.4	73.8	80.3	86.8	93.3
28	66.6	72.4	79.2	86.2	93.1	100.1
30	70.1	77.4	84.7	92.0	99.4	106.9
32	74.6	82.3	90.1	97.9	105.8	113.7
34	79.2	87.3	95.5	103.8	112.1	124.4
36	83.7	92.3	101.0	109.7	118.4	127.2
38	88.2	97.3	106.4	115.6	124.7	134.0
40	92.7	102.2	111.8	121.4	131.1	140.8
42	97.2	107.2	117.3	127.3	137.4	147.6
44	101.8	112.2	122.7	133.2	143.8	154.3
46	106.3	117.2	128.1	139.1	150.1	161.1
48	110.8	122.2	135.5	145.0	156.4	167.9
50	115.3	127.1	139.0	150.8	162.8	174.7

TABLE DU POIDS D'UN MÈTRE COURANT

DE TUYAUX EN FER LAMINÉ, OU ÉTIRÉ AU BLANC.

DIAMÈTRE extérieur en millimètres	POIDS EN KILOGRAMMES POUR LES ÉPAISSEURS DE				
	1 mill. 1/2	2 mill.	3 mill.	4 mill.	5 mill.
10	0.3	0.4	»	»	»
15	0.5	0.6	0.9	»	»
20	0.7	0.9	1.2	»	»
25	0.9	1.1	1.6	»	»
30	1.0	1.4	2.0	2.5	»
35	1.2	1.6	2.3	3.0	3.2
40	1.4	1.9	2.7	3.6	4.3
45	1.6	2.1	3.1	4.0	4.9
50	1.8	2.3	3.4	4.5	5.5
55	2.0	2.6	3.8	5.0	6.1
60	2.1	2.8	4.2	5.5	6.7
65	2.2	3.1	4.5	6.0	7.5
70	2.4	3.3	4.9	6.5	7.9
75	2.6	3.6	5.3	7.0	8.5
80	2.9	3.8	5.6	7.4	9.1
85	3.1	4.1	6.0	7.9	9.8
90	3.2	4.3	6.4	8.4	10.4
95	3.4	4.5	6.7	8.9	11.0
100	3.6	4.8	7.1	9.4	11.6
105	3.8	5.0	7.5	9.9	12.2
110	4.0	5.3	7.9	10.4	12.9

TABLE DES NOMBRES

DE LEURS CARRÉS ET RACINES CARRÉES, DES CUBES ET RACINES CUBI-
QUES, AINSI QUE DES CIRCONFÉRENCES ET SURFACES DES MÊMES
NOMBRES CONSIDÉRÉS COMME DIAMÈTRES.

NOMBRES ou diamètres	CARRÉS	RACINES carrés	CUBES	RACINES cubiques	CIRCONFÉRENCES	SURFACES
1	1	1.00	1	1.00	3.14	0.7854
2	4	1.41	8	1.26	6.28	3.1416
3	9	1.73	27	1.44	9.42	7.06
4	16	2.00	64	1.58	12.56	12.56
5	25	2.23	125	1.71	15.71	19.63
6	36	2.45	216	1.81	18.86	28.27
7	49	2.64	343	1.91	33.00	38.48
8	64	2.82	512	2.00	25.13	50.26
9	81	3.00	729	2.08	28.27	63.61
10	100	3.16	1000	2.15	31.41	78.54
11	121	3.31	1331	2.22	34.55	95.03
12	144	3.46	1728	2.29	37.70	113.09
13	169	3.60	2197	2.35	40.84	132.73
14	196	3.74	2744	2.41	43.98	153.94
15	225	3.87	3375	2.44	47.12	176.71
16	256	4.00	4096	2.52	50.26	201.06
17	289	4.12	4913	2.57	53.40	226.98
18	324	4.24	5832	2.62	56.55	254.47
19	361	4.36	6859	2.67	59.69	283.53
20	400	4.47	8000	2.71	62.83	314.16
21	441	4.58	9261	2.76	65.97	346.36
22	484	4.69	10648	2.80	69.11	380.13
23	529	4.80	12167	2.84	72.25	415.47
24	576	4.90	13824	2.88	75.40	452.39
25	625	5.00	15625	2.92	78.54	490.87
26	676	5.10	17576	2.96	81.68	538.93
27	729	5.19	19683	3.00	84.82	572.55
28	784	5.29	21952	3.03	87.96	615.75
29	841	5.38	24389	3.07	91.10	660.52
30	900	5.48	27000	3.10	94.25	706.86

Suite du tableau précédent.

NOMBRES ou diamètres	CARRÉS	RACINES carrées	CUBES	RACINES cubiques	CIRCONFÉRENCES	SURFACES
31	961	5.57	29791	3.14	97.39	754.77
32	1024	5.65	32768	3.17	100.53	804.25
33	1089	5.74	35937	3.20	103.67	855.30
34	1156	5.83	39304	3.23	106.81	907.92
35	1225	5.91	42875	3.27	109.95	962.11
36	1296	6.00	46656	3.30	113.09	1017.87
37	1360	6.08	50653	3.33	116.24	1075.21
38	1444	6.14	54872	3.36	119.38	1134.11
39	1521	6.24	59319	3.39	122.52	1204.54
40	1600	6.32	64000	3.42	125.66	1256.64
41	1681	6.40	68921	3.44	128.80	1320.25
42	1764	6.48	74088	3.47	131.94	1385.44
43	1849	6.56	79507	3.50	135.09	1452.20
44	1936	6.63	85184	3.53	138.23	1520.53
45	2025	6.71	91125	3.55	141.37	1590.43
46	2116	6.78	97336	3.58	144.51	1661.90
47	2209	6.85	103823	3.61	147.65	1734.95
48	2304	6.93	110592	3.63	150.79	1809.56
49	2401	7.00	117649	3.66	153.93	1885.74
50	2500	7.07	125000	3.70	157.08	1963.50
51	2601	7.14	132651	3.73	160.22	2042.82
52	2704	7.21	140608	3.75	163.36	2123.72
53	2809	7.28	148877	3.78	166.50	2206.19
54	2916	7.34	157464	3.80	169.64	2290.22
55	3025	7.41	166375	3.82	172.78	2375.83
56	3156	7.48	175616	3.84	175.93	2463.03
57	3249	7.55	185193	3.87	179.07	2551.76
58	3364	7.61	195112	3.89	182.21	2642.08
59	3481	7.68	205379	3.91	185.35	2733.97
60	3600	7.74	216000	3.93	188.49	2827.44
61	3721	7.81	226981	3.95	191.63	2902.47
62	3844	7.87	238328	3.97	194.77	3019.07
63	3969	7.93	250047	3.98	197.92	3117.25
64	4096	8.00	262144	4.00	201.06	3216.99
65	4225	8.06	274625	4.02	204.20	3318.31

Suite des tableaux précédents.

NOMBRES ou diamètres	CARRÉS	RACINES carrées	CUBES	RACINES cubiques	CIRCONFÉRENCES	SURFACES
66	4356	8.12	287496	4.04	207.34	3421.20
67	4489	8.18	300763	4.06	210.48	3525.66
68	4624	8.24	314432	4.08	213.63	3631.69
69	4761	8.30	328509	4.10	216.77	3739.29
70	4900	8.36	343000	4.12	219.91	3848.46
71	5041	8.42	357911	4.14	223.05	3959.20
72	5184	8.48	373248	4.16	226.19	4071.53
73	5329	8.54	389017	4.18	229.33	4180.39
74	5476	8.60	405224	4.19	232.47	4300.85
75	5625	8.66	421875	4.21	235.62	4417.87
76	5776	8.72	438976	4.23	238.76	4536.47
77	5829	8.77	456533	4.25	241.90	4656.63
78	6084	8.83	474552	4.27	245.04	4778.37
79	6241	8.88	493039	4.29	248.18	4901.68
80	6400	8.94	512000	4.30	251.32	5026.56
81	6561	9.00	531441	4.32	254.47	5153.01
82	6724	9.05	551368	4.34	257.32	5281.03
83	6889	9.11	571787	4.36	260.75	5410.62
84	7056	9.16	592604	4.38	263.89	5541.78
85	7225	9.22	614125	4.39	267.03	5674.50
86	7396	9.27	636056	4.41	270.17	5808.81
87	7569	9.32	658503	4.43	273.32	5944.69
88	7744	9.38	681472	4.44	276.46	6182.13
89	7921	9.43	704969	4.46	279.60	6207.18
90	8100	9.48	729000	4.48	282.74	6361.74
91	8281	9.54	753571	4.49	285.88	6503.89
92	8464	9.59	778688	4.51	289.02	6647.42
93	8649	9.64	804357	4.53	292.17	6972.92
94	8836	9.69	830584	4.54	295.31	6939.72
95	9025	9.74	857375	4.56	298.45	7088.23
96	9215	9.79	884736	4.57	301.59	7238.24
97	9409	9.84	912673	4.59	304.73	7389.83
98	9604	9.89	941192	4.61	307.87	7542.98
99	9801	9.96	970299	4.62	311.02	7682.16
100	10000	10.00	1000000	4.64	314.16	7854.08

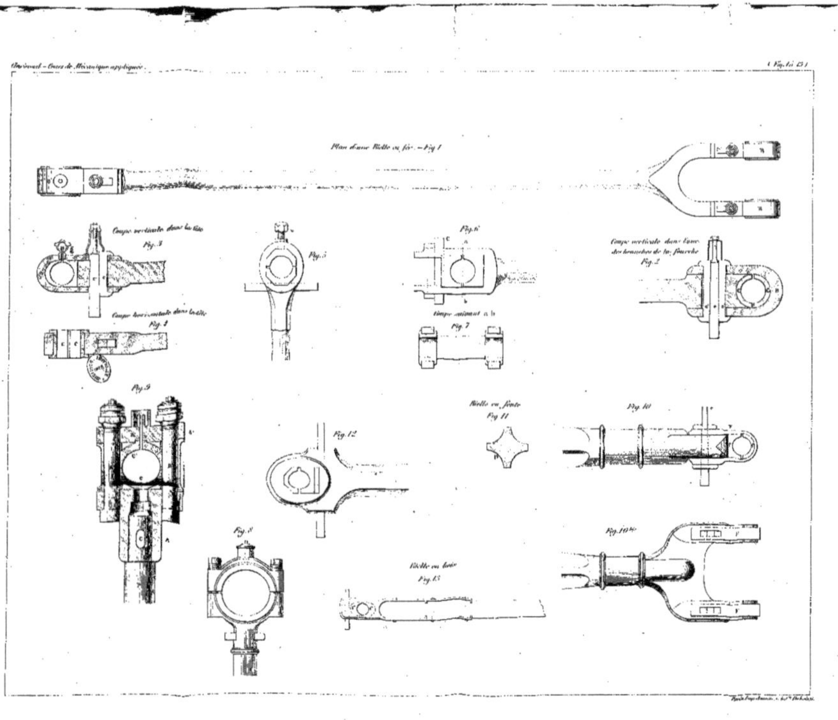
Plan d'une Bielle en fer. — Fig 1
Coupe verticale dans la tête
Fig. 3
Coupe horizontale dans la tête
Fig. 4
Fig. 5
Fig. 6
Coupe verticale dans l'une
des branches de la fourche
Fig. 2
Coupe suivant a b
Fig. 7
Fig. 9
Fig. 12
Fig. 8
Bielle en fonte
Fig. 11
Fig. 10
Fig. 10 bis
Bielle en bois
Fig. 13